L'ART DE LA GUERRE

AGORA

Collection dirigée par François Laurent

SUN TSE
(Sun Zi)

L'ART DE LA GUERRE

Texte traduit par
Jean-Jacques AMIOT

Préface et commentaires de
Gérard Chaliand

POCKET

Cette édition est dédiée au père J.-J. Amiot, jésuite, qui, le premier, fit connaître en Europe Sun Zi, par sa traduction publiée en 1772.

ISBN 2-266-05098-2

SUN ZI
ET LA NAISSANCE DE LA STRATÉGIE

Le traité chinois concernant l'art de la guerre, rédigé en treize chapitres entre le Vᵉ et le IVᵉ siècle avant notre ère et attribué à Sun Zi, est non seulement le plus ancien ouvrage de stratégie militaire mais l'une des rarissimes œuvres capitales en ce domaine. On ne sait rien de l'auteur de ce traité, tenu dès la dynastie des Han (206 av. J.-C. - 220 apr. J.-C.) et tout au long de l'histoire chinoise en très haute estime comme en témoignent le nombre et la qualité des commentateurs du traité. Très tôt, son influence est attestée en Corée et au Japon où ses commentateurs les plus originaux écrivent aux XVIᵉ et XVIIᵉ siècles.

En langue européenne, Sun Zi est pour la première fois traduit par le jésuite français J.-J. M. Amiot et publié à Paris en 1772 à une époque où l'Europe des Lumières porte à l'Orient en général et à la Chine en particulier une attention nouvelle grâce aux jésuites. L'ouvrage reçut un accueil favorable. C'est que la stratégie indirecte qu'il expose et illustre n'est point si éloignée de celle de Maurice de Saxe [1] dans le cadre de conflits dynastiques où le concept de guerre absolue est absent.

Si Sun Zi n'est plus lu au XIXᵉ siècle, c'est que la guerre, avec la Révolution française et Napoléon, a subi une mutation. La guerre ne vise rien moins désormais que l'anéantissement des forces armées de l'adversaire, si possible dans une confrontation décisive.

1. Maurice DE SAXE, *Mes rêveries ou Mémoires sur l'art de la guerre*, La Haye, 1756.

Après Guibert[1] qui en est le prophète, Clausewitz est le grand théoricien de cette conception de la guerre. La pensée militaire occidentale durant un siècle et demi se désintéresse — pour raisons de supériorité éclatante — des arts militaires extra-occidentaux. C'est, après la Seconde Guerre mondiale, la victoire inattendue de Mao Zedong qui ramène l'attention sur une pensée militaire naguère considérée comme caduque par l'Occident.

Dans sa présentation de l'une des versions anglaises récentes, l'historien militaire B.H. Liddell Hart écrit : « Les essais de Sun Zi sur l'art de la guerre constituent le plus ancien des traités connus sur ce sujet et ils n'ont jamais été surpassés quant à l'étendue et à la profondeur du jugement. Ils pourraient, à juste titre, être désignés comme la quintessence de la sagesse sur l'art de la guerre. Parmi tous les théoriciens militaires du passé, Clausewitz est le seul qui lui soit comparable. Encore a-t-il vieilli davantage et est-il en partie périmé bien qu'il ait été écrit plus de deux mille ans après lui. Sun Zi possède une vision plus claire, une pénétration plus grande et une fraîcheur éternelle. »

Ce qui d'emblée permet d'établir une corrélation entre Sun Zi et Clausewitz est fondé sur une commune appréhension de la guerre comme relevant d'abord de l'ordre du politique. Avec une avance considérable, Sun Zi pose le problème de la guerre comme central pour l'État. Considérant la guerre comme une réalité inévitable, Sun Zi se refuse à l'envisager comme un événement accidentel ou comme un phénomène sur lequel doit être porté un jugement d'abord moral. *L'Art de la guerre* se présente comme un traité où celle-ci est un acte conscient pouvant se prêter à une analyse rationnelle et dont la paix dicte le sens.

Loin de se préoccuper surtout de problèmes militaires techniques — ce qui est le cas d'une importante partie de la littérature stratégique — et qui sont, par conséquent, étroitement liés à une époque, Sun Zi s'efforce de dégager

1. GUIBERT, *Essai général de tactique*, Paris, 1970.

l'essence de la stratégie militaire et sa liaison avec le politique.

À l'époque où écrit Sun Zi — celle des Royaumes Combattants[1] —, la Chine est depuis un siècle et peut-être davantage en mutation accélérée. La vertu antique et la morale chevaleresque — mythique ou réelle — sont mortes. On raconte qu'au VIIe siècle avant J.-C., le marquis de Song laisse les troupes de Chu traverser une rivière et former leurs rangs de l'autre côté avant de les attaquer en déclarant qu'il se refusait d'attaquer un adversaire en état d'infériorité. Il fut défait. Vraie ou imaginaire, l'anecdote dépeint un état d'esprit où le combat reste essentiellement ritualisé[2]. La magie et la divination jouent à l'époque un rôle essentiel.

C'est à cette époque, écrit Jean Levi[3] dans sa présentation au livre du prince Shang — vers le Ve siècle avant J.-C. —, que naissent les grands arts conjoncturaux. « Les transformations de la pensée, qui de ritualiste est devenue prévoyante, se manifestent dans trois domaines privilégiés où s'affronteront bientôt une multitude d'écoles rivales : la diplomatie, rendue nécessaire par le jeu des alliances dans le nouveau contexte politique des VIe-IVe siècles ; la stratégie ou plutôt les stratagèmes que les conflits de plus en plus fréquents et féroces entre États font progresser à pas de géants et dont on tire les premiers enseignements généraux et universels... La sophistique enfin et surtout qui a introduit la ruse au sein du discours a porté le coup de grâce à la morale. »

Époque de mutations considérables dans le commerce, l'organisation économique tendant déjà à être centralisatrice, comme dans la guerre[4] et sa conception, et d'une

1. IIIe siècle avant J.-C.
2. Mao qui prônait l'exploitation des faiblesses de l'adversaire déclarait : « Nous ne sommes pas le marquis de Song. »
3. Présentation du *Livre du prince Shang*, éd. Flammarion, 1981.
4. La charrerie aristocratique cède le pas à l'infanterie, de plus en plus nombreuse vers la fin du VIe siècle. Par contre, la cavalerie n'apparaît qu'à la fin du IVe siècle en réponse aux incursions nomades.

façon générale dans la pensée. Après Confucius apparaissent les taoïstes et les légistes. Si les seconds sont une des préfigurations des sociétés policières, les premiers se révèlent d'une extrême plasticité intellectuelle :

« Rien n'est plus souple et faible
[au monde que l'eau.
Pourtant pour attaquer
Ce qui est dur et fort
Rien ne la surpasse
Et personne ne pourrait l'égaler.

Que le faible surpasse la force
Que le souple surpasse le dur
Chacun le sait.
Mais personne ne met ce savoir
[en pratique[1]. »

Sun Zi, en parvenant à dégager les principes qui régissent la stratégie indirecte, donne à ce savoir une géniale conceptualisation.

La guerre étant une réalité inévitable, Sun Zi préconisa d'en limiter la durée dans la mesure du possible. Son traité concerne l'intelligence des rapports de forces et l'utilisation la plus rationnelle, voire la plus économe, des troupes. Il faut chercher à soumettre l'armée adverse par une combinaison de ruse, de surprise et de démoralisation. Ce dernier facteur est fondamental et rarement dans le passé a-t-on davantage mis l'accent sur l'importance de la guerre psychologique : rumeurs, intoxication ; susciter et utiliser une « cinquième colonne », semer la discorde chez l'ennemi, subvertir et corrompre chez l'adversaire tous ceux qui peuvent l'être, particulièrement à l'échelon des cadres. Ces pratiques, dans l'univers de Sun Zi, sont d'autant plus aisées qu'il s'agit de troupes mercenaires, de généraux aux loyautés peu assurées, de conflits dont

1. Lao Tseu - Tao Tê-Ching, *Le Livre de la vie et de la vertu*, traduit par Ma Kou, éd. Albin Michel, 1984.

l'issue est très rarement d'importance vitale pour la dynastie ou le potentat qui l'entreprend.

Dans la conception implicite de la guerre telle qu'elle est pensée par Sun Zi n'entre aucune des données qui provoquent les conflits idéologiques les plus meurtriers : guerres de religion, guerres civiles ou guerres nationales. Ce qu'on dénommait, à l'âge classique en Occident, guerre d'opinion est inconnu dans l'univers qui est celui de Sun Zi. Tout comme ces conflits entre civilisations radicalement étrangères, nomades contre sédentaires ou irruption comparable à celle des conquistadores en Amérique.

L'univers intellectuel de Sun Zi s'inscrit dans un monde où la guerre se pratique au sein d'une même société avec des moyens et des buts relativement limités, dans le cadre de règles généralement acceptées. En ce sens, la guerre dont parle Sun Zi est plus proche, dans ses motivations, ses moyens et ses desseins, des conflits médiévaux ou des guerres limitées du XVIIIe siècle européen que des ruées tataro-mongoles que la Chine connaîtra peu après la rédaction de *L'Art de la guerre*.

Cependant tout ou presque est dit dans ces aphorismes et dans les sobres récits, destinés à les illustrer, de ce petit traité de moins de cent pages. Ses treize chapitres englobent et synthétisent les principes généraux devant guider la conduite d'un conflit.

À cet égard, sont privilégiés d'abord le moral et la cohésion des troupes, l'importance de l'« harmonie du peuple avec ses dirigeants ». Mais, par-dessus tout, Sun Zi donne toute son importance à la connaissance de l'adversaire, de ses conceptions, de son *modus operandi*, ce qui est décisif « c'est de s'attaquer à la stratégie de l'ennemi ». S'il indique, comme nombre de stratèges, qu'il faut éviter la force de l'adversaire et « frapper son inconsistance », la doctrine du théoricien chinois fait une place considérable à la déception et à la manipulation de l'adversaire tout en maintenant, dans ses propres rangs, fermeté d'esprit et discipline. Sun Zi constate toute l'importance de la capacité à s'adapter à l'imprévu : « de même que l'eau n'a pas de forme stable, il n'existe pas, dans la guerre, de conditions permanentes ».

S'il existe, pour mener la guerre, des principes généraux, il n'y a pas d'équation qui permette de conduire à la victoire. Celle-ci est déterminée par une série de conditions et par l'appréciation et la volonté de celui qui décide de la solution la plus pertinente au moment le plus favorable. Ce que Sun Zi analyse et décrit de façon rationnelle, ce sont les éléments qui interviennent dans un conflit et qu'on peut mettre à profit. Il ne faut pas craindre, quand on est général, d'enfreindre les ordres du souverain si la situation sur le terrain l'exige. Par cette proposition hardie, surtout à l'époque des despotismes, Sun Zi remet moins en cause l'aspect politique du conflit — « les souverains éclairés délibèrent sur les plans, les bons généraux les exécutent » — que les rigides considérations d'une direction sans moyen de jauger une situation concrète.

Loin de prôner la guerre, Sun Zi souhaite contenir les conflits dans le temps et, grâce au facteur moral, à la rendre le moins coûteux possible. Les guerres de sièges sont déconseillées au profit des guerres de mouvement jouant sur la surprise et profitant du point faible de l'ennemi. La guerre, sous peine d'épuiser aussi le vainqueur, gagne à être brèvc. En son essence, *L'Art de la guerre* est un traité militaire prônant un emploi modéré de la force, l'usage de l'intelligence et de la ruse combinées avec la fermeté d'esprit et la ténacité. De façon ultime, l'art de la guerre consiste, selon Sun Zi, à user d'une stratégie fondée sur l'intelligence de l'autre, à tirer parti de ses faiblesses, de sa démoralisation provoquée, et à le rendre le moins coûteux possible en portant un coup de grâce à un adversaire déjà en plein désarroi.

Gérard Chaliand.

NOTICE

La présente édition, publiée en hommage au travail pionnier du premier traducteur en Occident de Sun Zi — le père J.-J. Amiot, jésuite qui vécut longuement en Chine et y mourut en 1784 —, reprend le texte modernisé publié par les éditions Berger-Levrault en 1948. La version d'Amiot date de 1772. Dans la présentation qu'il a faite de sa traduction, Amiot confie les difficultés qu'il a rencontrées avec les versions chinoise et mandchoue du texte et ajoute qu'il a fait de son mieux pour rester fidèle à Sun Zi. Sa traduction a été critiquée parfois durement par Lionel Giles qui a donné la première traduction en anglais digne de ce nom. Samuel Griffith et Valérie Niquet-Cabestan ont un jugement plus nuancé. Pourtant, en gardant à l'esprit que le texte d'Amiot date de 1772, on ne peut que trouver son travail remarquable. Aucune traduction ne fait encore aujourd'hui l'unanimité, et les sinologues ne s'accordent pas toujours sur les équivalences à donner à certains concepts de Sun Zi.

En l'absence d'une édition critique, cette traduction d'Amiot reste non seulement une contribution pionnière mais aussi un très intéressant texte pour une lecture comparée.

La plus grande partie des notes de L. Machin (1948) ont été conservées. Ont été également laissées telles quelles les diverses transcriptions des mots chinois.

G.C.

BIBLIOGRAPHIE

Art militaire chinois ou Recueil d'anciens traités sur la guerre composés avant l'ère chrétienne par différents généraux chinois, traduit du chinois par le Père Amiot, éd. Didot l'Aîné, Paris, 1772.

SUN TZU, *On the Art of War. The Oldest Military Treatise of the World*, traduction de Lionel Giles, Londres, 1910. Reprint in *Roots of Strategy* (vol. I) by Major T.R. Philipps.

L'Art militaire de l'Antiquité chinoise. Édition tirée de la traduction d'Amiot par le lieutenant-colonel E. Cholet, éd. Lavauzelle, Paris, 1922.

Sun Tse et les anciens Chinois, présentés et annotés par L. Nachin, éd. Berger-Levrault, Paris, 1948 (reprise de la traduction d'Amiot).

SUN ZU, *Les Treize Articles*, édition préparée par M. Beuzit, R. Cacéres, P. Maman, L. Thanassecos et Trân Ngoc An (en grande partie reprise du texte d'Amiot), éd. L'Impensé radical, Paris, 1971.

SUN TZU, *L'Art de la guerre*, préface et introduction de Samuel B. Griffith, avant-propos de B.H. Liddell-Hart ; traduit de l'anglais par François Wang, éd. Flammarion, 1972 : rééd. coll. « Champs », éd. Flammarion. (La version en anglais a paru en 1963, Claredon Press, Oxford.)

SUN ZI. Traduit du chinois par Valérie Niquet-Cabestan. Introduction de Maurice Prestat, éd. Economica, Paris, 1988.

L'ART DE LA GUERRE

LES TREIZE ARTICLES DE SUN TSE

ARTICLE PREMIER

FONDEMENTS DE L'ART MILITAIRE

Sun Tse dit : L'art de la guerre et l'organisation des troupes sont d'une importance vitale pour l'État. La vie et la mort des sujets en dépendent ainsi que la conservation, l'agrandissement ou la décadence de l'Empire : ne pas y réfléchir profondément, ne pas y travailler consciencieusement, c'est faire preuve d'une coupable indifférence pour la possession ou la perte de ce qu'on a de plus cher et c'est ce qu'on ne doit pas trouver parmi nous.

Cinq choses principales doivent faire l'objet des continuelles méditations des officiers et de tous leurs soins, comme le font ces grands artistes qui, lorsqu'ils entreprennent une œuvre, ont toujours présent à l'esprit le but qu'ils se proposent, mettent à profit tout ce qu'ils voient, tout ce qu'ils entendent, ne négligent rien pour acquérir de nouvelles connaissances et tous les secours qui peuvent les conduire heureusement à leur fin. Si nous voulons que la gloire et les succès accompagnent nos armes, nous ne devons jamais perdre de vue : la *Doctrine*, le *Ciel*, la *Terre*, le *Général*, la *Discipline*.

La *Doctrine** [1] fait naître l'unité de pensée ; elle nous inspire une même manière de vivre et de mourir et nous rend intrépides et inébranlables dans les malheurs et devant la mort.

Si nous connaissons bien le *Ciel* [2], nous n'ignorerons pas ce que sont les deux grands principes Yin et Yang et

*. Les notes de L. Nachin se trouvent à la fin du texte, p. 81 sq.

nous saurons à quel moment ils s'unissent ou s'opposent pour produire le froid, le chaud, la sérénité ou les perturbations de l'atmosphère.

La *Terre*[3] n'est pas moins digne de notre attention que le Ciel. Étudions-la bien pour en connaître les particularités, le haut et le bas, le proche et le lointain, le vaste et l'étroit, ce qui est permanent et ce qui n'est que temporaire.

La doctrine, l'équité, l'amour pour tous ceux qui sont nos subordonnés et, pour tous les hommes en général, la science des ressources, le courage et la valeur : telles sont les qualités qui doivent caractériser celui qui est revêtu de la dignité de *Général* ; vertus nécessaires pour l'acquisition desquelles nous ne devons rien négliger : seules elles peuvent justifier notre présence à la tête des autres.

À ces connaissances, il faut ajouter celle de la *Discipline.* Savoir ranger ses troupes, n'ignorer aucune des règles de la subordination et les faire rigoureusement observer, connaître les attributions de chacun de nos subalternes, posséder tous les moyens par lesquels on peut atteindre un résultat, ne pas dédaigner, quand il se doit, d'entrer dans tout le détail de ce qui doit être précisé et acquérir la juste notion de la valeur de chacun de ces détails en particulier, tout cela forme ensemble un corps de discipline dont la connaissance ne doit pas échapper à la sagacité ni à l'attention du général.

Vous donc, que le choix du Prince a placé à la tête des armées, jetez les fondements de votre science militaire sur les cinq principes qui viennent d'être exposés ; la victoire suivra partout vos pas, alors que si, par ignorance ou par présomption, vous les omettez ou les rejetez, vous n'éprouverez que les plus honteuses défaites.

Les connaissances que je viens d'indiquer vous permettront de discerner, parmi les Princes qui gouvernent les États[4], celui qui a la meilleure doctrine et le plus de vertus ; vous connaîtrez les grands généraux qui peuvent se trouver dans les différents royaumes de sorte que, en temps de guerre, vous pourrez conjecturer assez sûrement quel est celui des deux antagonistes qui doit l'emporter et, si vous devez vous-même entrer en lice, vous pourrez raisonnablement vous flatter de devenir victorieux.

Ces mêmes connaissances vous feront prévoir quels sont les moments les plus favorables, le Ciel et la Terre étant d'accord, pour ordonner le mouvement des troupes, les itinéraires qu'elles doivent suivre et la longueur des étapes ; vous ne commencerez ni ne terminerez jamais une campagne hors de saison ; vous apprécierez le fort et le faible, tant de ceux qui sont confiés à vos soins que des ennemis que vous aurez à combattre ; vous apprendrez en quelle quantité et dans quel état se trouveront les approvisionnements des deux armées ; les récompenses seront distribuées libéralement mais toujours avec choix, et vous n'épargnerez pas les châtiments quand le besoin s'en fera sentir.

Admirant vos vertus et vos capacités, les généraux placés sous votre autorité vous serviront autant par plaisir que par devoir ; leur exemple entraînera celui des subalternes et la troupe elle-même concourra avec empressement à assurer votre succès. Estimé, respecté et aimé des vôtres, vous verrez les peuples voisins rechercher la protection du Prince que vous servez, soit pour le servir, soit pour être son allié [5].

Parce que vous saurez distinguer ce qui est possible de ce qui ne l'est pas, vous n'entreprendrez rien qui ne puisse être mené à bonne fin. Avec la même pénétration, ce qui est loin sera vu comme si c'était sous vos yeux et inversement. Vous profiterez de la dissension qui surgit chez vos ennemis pour attirer les mécontents dans votre parti en ne leur ménageant ni les promesses, ni les dons, ni les récompenses. Vous n'attaquerez pas un ennemi plus puissant et plus fort que vous et vous éviterez ce qui peut conduire à un engagement général. Toujours, vous cacherez à vos adversaires l'état dans lequel sont vos troupes : parfois, vous ferez répandre le bruit de votre faiblesse, ou vous feindrez la peur pour que l'ennemi, cédant à la présomption et à l'orgueil, ou bien vous attaque imprudemment, ou bien, se relâchant de sa surveillance, se laisse lui-même surprendre. Les troupes doivent être toujours tenues en alerte, sans cesse occupées, afin qu'elles ne s'amollissent pas. Aucune dissension n'est tolérable parmi vos troupes. Elles forment une seule famille dans laquelle rien ne doit être négligé pour que règnent la paix, la concorde et l'union. Après avoir supputé la consommation des vivres et de tout ce qui est d'un usage journalier, vous veillerez à être largement approvisionné en tout et, après une glorieuse campagne, vous reviendrez chez vous pour y jouir tranquillement des fruits de la victoire, parmi les acclamations de vos concitoyens qui vous seront reconnaissants de la paix que vous leur aurez procurée. Telles sont, en général, les réflexions que ma propre expérience m'a dictées et que je me fais un devoir de vous communiquer.

ARTICLE II

DES COMMENCEMENTS DE LA CAMPAGNE

Sun Tse dit : Je suppose que vous commencez la campagne avec une armée de cent mille hommes, que vous avez des munitions en suffisance, mille chariots de combat et mille couverts de peaux pour les transports, que vos vivres soient assurés durant le trajet de mille li [1], que rien ne vous fait défaut de ce qui peut être nécessaire pour réparer armes et chariots, qu'ouvriers et tout ce qui n'appartient pas au personnel de la troupe vous aient précédé ou marchent séparément à votre suite et que toutes mesures soient prises pour préserver des accidents ou des intempéries aussi bien les choses qui sont étrangères à la guerre que celles qui sont indispensables à l'armée. Je suppose encore que vous avez mille onces d'argent [2] à distribuer aux troupes chaque jour et que ce paiement soit acquitté à temps et avec la plus rigoureuse exactitude ; dans ce cas, vous pouvez aller droit à l'ennemi ; l'attaquer et le vaincre seront, pour vous, la même chose. Je dis plus : ne différez pas de livrer le combat, n'attendez pas que vos armes s'avarient ni que le tranchant de vos sabres s'émousse. S'agit-il de prendre une ville, hâtez-vous d'en faire le siège. Ne pensez qu'à cela, dirigez là toutes vos forces ; tout brusquer, car, si vous y manquez, vos troupes courent le risque de tenir longtemps la campagne, ce qui sera une source de funestes malheurs : l'argent s'épuise, les armes s'abîment, l'ardeur des soldats se ralentit, leur courage et leurs forces s'évanouiront, les provisions se consument et vous vous trouverez réduit aux plus fâcheuses extrémités. Informés de votre pitoyable situation, vos ennemis sortiront tout frais, fondront sur vous et vous tailleront en pièces. Quelque réputation dont vous avez joui jusqu'à présent, vous aurez perdu la face. Ainsi, faire tenir longtemps les troupes en campagne, c'est causer un grand préjudice à l'État et risquer de porter une atteinte mortelle à sa réputation.

Ceux qui possèdent les vrais principes de l'art militaire ne s'y prennent pas à deux fois. Dès la première campagne, tout est fini. Ils ne consomment pas inutilement des vivres pendant trois ans, mais ils font subsister leur armée aux dépens de l'ennemi, épargnant ainsi à l'État les frais immenses qu'entraîne le transport des provisions à grande distance. Ils n'ignorent pas, et vous devez aussi le savoir, que rien n'épuise tant un État que ces sortes de dépenses car, soit que l'armée se trouve sur la défensive, aux frontières, soit qu'elle attaque dans les pays éloignés, le peuple en souffre toujours ; les denrées indispensables à la vie se raréfient et augmentent de prix et les personnes ordinairement aisées ne peuvent même plus se les procurer.

Le Prince perçoit en hâte le tribut des denrées que chaque famille lui doit [3] et la misère s'étend des villes aux campagnes ; des dix parts du nécessaire, on doit en retrancher sept. Il n'est pas jusqu'au Souverain qui ne se ressente des malheurs communs. Ses casques, cuirasses, boucliers, ses arcs, flèches, lances, javelots, ses chars, tout cela se détruira. Les chevaux, les bœufs même qui labourent les terres impériales dépériront et des dix parties de sa dépense ordinaire, il se verra contraint d'en retrancher six. C'est pour prévenir tous ces désastres qu'un habile général n'oublie rien pour abréger les campagnes, pour vivre aux dépens de l'ennemi ou, tout au moins, pour se procurer à prix d'argent, s'il le faut, des denrées étrangères.

Si l'ennemi a un *tchoung* [4] de grain dans son camp, ayez-en vingt dans le vôtre ; si l'ennemi a de la paille, des herbes et du grain pour ses chevaux, la valeur d'un *che* [5], ayez-en vingt dans le vôtre. Ne laissez échapper aucune occasion de l'incommoder, faites-le périr en détail, trouvez le moyen de l'irriter pour le faire tomber dans quelque piège, provoquez des diversions pour lui faire diminuer ses forces en les dispersant, en lui massacrant quelques partis de temps à autre, en lui enlevant ses convois, ses équipages et tout ce qui pourrait vous être de quelque utilité.

Quand il aura été pris plus de dix chars sur l'ennemi, commencez par récompenser libéralement aussi bien ceux qui auront conduit l'entreprise que ceux qui l'auront exécutée. Que ces chars soient utilisés comme les vôtres mais, auparavant, ôtez-en les marques distinctives [6] qui peuvent s'y trouver. Traitez bien les prisonniers, nourrissez-les comme vos propres soldats, afin qu'il se trouvent mieux chez vous qu'ils ne l'étaient dans leur propre camp ou dans leur patrie. Ne les laissez jamais oisifs, tirez parti de leurs services avec toutes les précautions convenables et conduisez-vous, en somme, comme s'ils se fussent enrôlés librement sous votre bannière [7].

Si vous faites exactement ce que je viens de vous indiquer, les succès accompagneront vos pas, partout vous serez vainqueurs, vous ménagerez la vie de vos soldats, vous affermirez votre pays dans ses anciennes possessions, vous lui en procurerez de nouvelles, vous accroîtrez la splendeur et la gloire de l'État et le Seigneur [8] ainsi que ses sujets vous seront redevables de la douce tranquillité dans laquelle ils couleront désormais leurs jours. Est-il rien qui soit plus digne de votre attention et de tous vos efforts ?

ARTICLE III

DE CE QU'IL FAUT AVOIR PRÉVU AVANT LE COMBAT

Sun Tse dit : Voici quelques maximes dont vous devez être pénétré avant que de vouloir forcer des villes, ou gagner des batailles.

D'abord conserver son pays et les droits qui en découlent et ensuite seulement conquérir le pays ennemi ; assurer le repos des cités de votre nation : voilà l'essentiel, troubler celui des villes ennemies n'est qu'un pis-aller ; protéger contre toute insulte les villages amis, c'est votre premier devoir ; faire des irruptions sur les villages ennemis ne se justifie que par la nécessité ; empêcher que les hameaux et les chaumines de nos paysans subissent le moindre dommage : voilà ce qui mérite votre attention ; dévaster les installations agricoles de vos ennemis, c'est ce qu'une disette doit seule vous faire entreprendre.

Quand vous serez bien pénétré de ces principes, vous pourrez attaquer les villes ou engager les batailles : je vous garantis le succès. Toutefois, livrer cent combats et remporter cent victoires, c'est bien, mais ce n'est pas le meilleur. Sans bataille, immobiliser l'armée ennemie, voilà qui est l'excellent [1]. En agissant ainsi, la conduite du général ne différera pas de celle des plus vertueux personnages ; elle s'accordera avec le Ciel et la Terre dont les actions tendent à la production et à la conservation des choses plutôt qu'à leur destruction. Jamais le Ciel n'approuva l'effusion du sang humain : c'est lui qui donne la vie aux hommes ; lui seul doit être le maître de la trancher.

Ainsi, sans donner de batailles, tâchez d'être victorieux, ce sera le cas où, plus vous vous élèverez au-dessus du bon, plus vous approcherez de l'excellent. Les grands généraux y parviennent en éventant toutes les ruses de l'ennemi, en faisant avorter ses projets, en semant la discorde parmi ses partisans, en le tenant toujours en haleine, en le privant des secours étrangers qu'il peut recevoir et en lui enlevant toute possibilité d'entreprendre rien qui puisse être avantageux pour lui.

Si vous êtes contraint de faire le siège d'une place et de la réduire, disposez vos chars[2], vos boucliers et vos machines de guerre de telle sorte que rien ne fasse défaut quand il faudra monter à l'assaut. Si, en moins de trois mois, la place n'a pas été amenée à capituler, c'est qu'il y a eu faute de votre part. Vous devez la trouver et la réparer. Redoublez vos efforts, lors de l'assaut, imitez la vigilance, l'activité, l'ardeur et l'opiniâtreté des fourmis. Je suppose qu'auparavant, vous aurez construit des retranchements, élevé des tours[3] permettant de dominer l'ennemi et que vous aurez pensé à tout ce qui pourrait survenir de fâcheux. Mais si, malgré ces précautions, vous perdez un tiers de vos soldats, sans être victorieux, ne doutez pas que vous avez mal attaqué.

Un habile général ne se trouve jamais réduit à de telles extrémités : sans donner de batailles, il sait soumettre l'ennemi ; sans répandre une goutte de sang, sans tirer l'épée, il fait tomber les villes ; sans franchir la frontière, il conquiert les royaumes étrangers et, dans le temps minimum, à la tête de ses troupes, il procure à son Prince la gloire immortelle, assure le bonheur de ses compatriotes et fait que l'Univers lui est redevable du repos et de la paix[4].

Par rapport à l'ennemi, vous pouvez vous trouver dans une infinité de situations qu'on ne peut toutes ni prévoir, ni énoncer. C'est votre expérience qui vous suggérera ce que vous aurez à faire dans chaque cas particulier ; je me borne à vous donner quelques conseils généraux.

Dix fois plus fort que l'ennemi, enveloppez-le sans lui laisser la moindre issue.

Cinq fois plus fort que l'ennemi, attaquez-le par quatre côtés à la fois. Deux fois plus fort, partagez votre armée de telle sorte que l'une des parties immobilise l'ennemi et que l'autre l'attaque. Si vous êtes à égalité, engager le combat, c'est le hasard, mais si vous êtes moins fort que l'ennemi, soyez sur vos gardes, évitez la moindre faute. Efforcez-vous de vous protéger, évitez le combat autant que possible : la prudence et la fermeté d'une petite force peuvent arriver à lasser et à maîtriser même une nombreuse armée.

Celui qui est à la tête des armées peut se considérer comme le soutien de l'État, et il l'est en effet. S'il en a les qualités, l'État sera dans la sécurité ; si elles lui font défaut, l'État en souffrira infailliblement et peut être exposé à la perte. Il n'est qu'une façon, pour un général, de bien servir l'État, mais il en existe de multiples pour lui porter un très grand préjudice. Pour réussir, la bravoure et la prudence doivent toujours accompagner les efforts et une conduite habile, mais il ne faut qu'une faute pour tout perdre et à combien n'est-il pas exposé d'en commettre ? S'il lève des troupes hors de saison, s'il les met en route lorsqu'elles doivent stationner, s'il ne connaît pas exactement les lieux où il doit les conduire, s'il les poste mal, les fatigue sans utilité, les déplace sans nécessité, s'il ignore les besoins de chacun de ceux qui composent son armée, si chacun n'est pas à sa place suivant ses aptitudes, afin qu'un bon parti soit tiré de celles-ci, s'il ne connaît pas le fort et le faible de chacun et leur degré de fidélité, s'il ne fait pas observer la discipline dans toute sa rigueur, s'il ne sait pas commander, s'il est irrésolu et hésite lorsqu'il faut prendre parti rapidement, s'il ne sait pas récompenser, tolère que les officiers briment les soldats, ne prévient pas les dissensions qui peuvent surgir parmi les chefs : un tel général qui commet ces fautes épuise l'État d'hommes et de ressources, déshonore sa patrie et devient lui-même la honteuse victime de son incapacité.

Pour vaincre ses ennemis, cinq choses principales sont nécessaires à un général :

1°) Savoir s'il peut combattre et quand il faut cesser ;

2°) Savoir s'il faut engager peu ou beaucoup ;

3°) Savoir gré aux simples soldats autant qu'aux officiers ;

4°) Savoir mettre à profit toutes les circonstances ;

5°) Savoir que le Souverain approuve tout ce qui est fait pour son service et sa gloire.

Si, en outre, vous savez ce que vous pouvez et ce que vous ne pouvez pas et ce dont sont capables ou non vos subordonnés, si vous livrez cent guerres, cent fois vous serez victorieux. Si vous ne savez que ce que vous pouvez vous-même, mais ignorez ce que peuvent vos subordonnés, une fois vous serez vainqueur et une fois vous serez vaincu. Mais si vous ne vous connaissez ni vous-même, ni vos subordonnés, autant de combats, autant de défaites.

ARTICLE IV

DE LA CONTENANCE DES TROUPES

Sun Tse dit : Autrefois, ceux qui avaient l'expérience des combats, ne s'engageaient jamais dans les guerres qu'ils prévoyaient ne devoir pas finir avec honneur. Avant de les entreprendre, ils avaient l'assurance du succès. Si les circonstances ne leur semblaient pas propices, ils attendaient des temps plus favorables. Ils avaient pour principe que l'on n'était vaincu que par sa propre faute, comme on n'était victorieux que par la faute des ennemis.

Savoir ce qu'il faut craindre ou espérer, avancer ou reculer suivant l'état de ses troupes ou de celui des ennemis, aller au combat quand on est le plus fort et attaquer le premier ou, si l'on est en infériorité, se retrancher sur la défensive, c'est ce que pratiquent les généraux expérimentés.

L'art de pratiquer la défensive avec à-propos ne le cède pas à celui de l'offensive. Ceux qui veulent réussir dans le premier doivent s'enfoncer jusqu'à la neuvième terre. Ceux qui veulent exceller dans le second doivent s'élever jusqu'au neuvième ciel[1]. Dans les deux cas, il faut d'abord penser à conserver ce que l'on a. Égaler ceux qui ont commandé honorablement, c'est le bon. Vouloir être au-dessus du bon, en voulant les dépasser par un excès de raffinement, n'est pas le bon. Au surplus, triompher par le moyen des combats a toujours été regardé comme le bon, mais je vous le dis : ce qui est au-dessus du bon est souvent pire que le mauvais[2].

Point n'est besoin aux animaux d'une force exceptionnelle pour porter, à la fin de l'automne, leur fourrure d'hiver ; point n'est besoin d'une rare acuité visuelle pour découvrir les étoiles ; point n'est besoin d'une oreille très fine pour entendre les roulements du tonnerre : tout cela est simple et naturel. Les chefs habiles ne trouvent pas plus de difficultés à la guerre, car ils ont tout prévu, ils ont paré à toutes les éventualités ; ils connaissent le bon et le mauvais de leur situation et de celle de l'ennemi, savent ce qu'ils peuvent et jusqu'où ils peuvent aller. La victoire est une suite naturelle de leur savoir et de leur conduite.

Tels étaient nos Anciens : rien ne leur était plus facile que vaincre. C'est pourquoi ils s'estimaient indignes des titres de vaillants, de héros, d'invincibles, car ils n'attribuaient leurs succès qu'aux soins attentifs qu'ils avaient eus d'éviter la moindre faute.

Avant de combattre, ils tentaient d'affaiblir la confiance de l'ennemi en l'humiliant, en le mortifiant, en soumettant ses forces à rude épreuve[3]. Inversement, leurs propres troupes étaient en sûreté dans des camps bien établis, à l'abri de toute surprise et dans des lieux inabordables. Le bon est que les troupes demandent le combat et non pas la victoire, car les troupes qui veulent se battre savent qu'elles sont entraînées et aguerries alors que c'est la paresse et la présomption qui font réclamer la victoire et amènent la défaite. C'est ainsi qu'ils étaient assurés du triomphe ou du désastre avant d'avoir fait un pas pour s'assurer de l'un ou se préserver de l'autre.

Ceux qui sont à la tête des armées ne doivent rien oublier pour se rendre dignes de l'emploi qu'ils exercent. Ils pensent aux mesures pour évaluer les dimensions et les quantités ; ils connaissent les règles du calcul, les effets de la balance. La victoire n'est que le fruit d'une supputation exacte : réfléchissez à cela et vous saurez tout ce qu'il faut pour n'être jamais vaincu.

Sachez le bon que produit la terre et vous profiterez de ses ressources ; connaissez les routes et vous prendrez la bonne ; par le calcul, sachez diviser exactement pour donner à chacun, en vivres et munitions, sans excès, ni trop peu. La balance vous apprendra à répartir la justice, les récompenses et les punitions. Enfin, rappelez-vous les victoires qui ont été remportées, les circonstances de la lutte et vous saurez ainsi l'usage qu'on en a fait, les avantages qu'elles ont procurés ou les préjudices qu'elles ont causés aux vainqueurs eux-mêmes.

Un y surpasse un tchou[4]. Dans les plateaux d'une balance, l'y emporte le tchou. Soyez à vos ennemis ce que l'y est au tchou. Après un premier succès, ne vous endormez pas et ne laissez pas vos troupes se reposer mal à propos. Tombez sur l'ennemi avec la force du torrent qui se précipiterait de la hauteur de mille jin[5]. Ne lui laissez aucun répit et ne pensez à recueillir les fruits de la victoire que lorsque sa défaite totale vous permettra de le faire avec loisir et tranquillité.

ARTICLE V

DE L'HABILETÉ DANS LE COMMANDEMENT DES TROUPES

Sun Tse dit : Prenez le nom de tous vos officiers, inscrivez-les sur un répertoire spécial avec l'indication de leurs capacités et de leurs aptitudes, afin que chacun soit employé suivant ses qualités. Que quiconque est employé par vous soit persuadé que vous avez, avant tout, pensé à le préserver contre tout dommage. Les troupes qu'on lance sur l'ennemi doivent être comme des pierres qu'on jette sur des œufs. Entre l'ennemi et vous, il doit en être comme du faible au fort, du vide au solide. Attaquez ouvertement, mais soyez vainqueur en secret. C'est en cela que consiste l'habileté et la perfection même du commandement des troupes. Grand jour et ténèbres, apparence et secret : voilà tout l'art. De même qu'avec les cinq tons de la musique, les cinq couleurs et les cinq goûts [1], on peut, par combinaison, obtenir des effets infinis, la possession des principes donne au général dans n'importe quelle circonstance toutes les solutions qui conviennent.

En matière d'art militaire et de gouvernement des troupes, on ne considérera que ces deux éléments : ce qui doit être fait en secret et ce qui doit être exécuté ouvertement, mais, dans la pratique, c'est une chaîne sans fin d'opérations, c'est comme une roue qui n'a pas d'extrémités. Chaque opération militaire a des parties qui demandent le grand jour et des parties qui veulent le secret de la nuit. On ne peut les déterminer à l'avance ; seules les circonstances permettent de les discerner. Pour resserrer le lit d'un torrent, il faut disposer d'énormes quartiers de roches ; pour prendre un petit oiseau, le filet le plus fin suffit amplement. Et, pourtant, le torrent parvient à rompre ses digues et, à force de se débattre, le petit oiseau brise les mailles du filet. Aussi quelque bonnes, quelque sages que soient les mesures que vous avez prises, ne cessez pas d'être sur vos gardes, de veiller et de penser à tout et ne vous abandonnez jamais, ainsi que vos troupes, à une présomptueuse sécurité.

Ceux-là possèdent véritablement l'art de bien commander les troupes qui ont su et qui savent rendre leur puissance formidable, qui ont acquis une autorité sans borne, qu'aucun événement ne peut abattre, qui ne font rien avec précipitation, qui gardent, dans les moments de surprise, le même sang-froid que s'il s'agissait d'actions méditées, dans les cas prévus longtemps auparavant, et pour qui la promptitude dans la décision n'est que le fruit de la méditation préalable jointe à une longue expérience.

La force de ces sortes de chefs est comparable à celle de ces grands arcs qu'on ne saurait bander sans le secours d'une mécanique [2]. Leur autorité a la puissance des flèches lancées par ces arcs : elle est irrésistible et elle renverse tout. Comme la sphère dont tous les points de la surface sont semblables, ils sont également forts partout et, partout, offrent la même résistance. Au cours de la mêlée et dans le désordre apparent, ils tiennent un ordre imperturbable ; de la faiblesse, ils font surgir la force, de la poltronnerie et de la pusillanimité, ils font sortir le courage et l'intrépidité. Mais faire servir le désordre à l'ordre n'est possible qu'à celui qui a profondément réfléchi aux événements qui peuvent survenir ; engendrer la force dans la faiblesse n'appartient qu'à ceux qui détiennent une absolue maîtrise et une autorité incontestée. Savoir faire sortir le courage et l'intrépidité de la poltronnerie et de la pusillanimité, c'est être héros soi-même, c'est être plus qu'un héros, c'est être au-dessus des intrépides.

Si grand et si prodigieux que cela paraisse, j'exige cependant quelque chose de plus de ceux qui commandent les troupes : c'est l'art de faire mouvoir à son gré les forces ennemies. Ceux qui possèdent cet art admirable disposent de l'attitude de leurs troupes et de l'armée qu'ils commandent. L'ennemi vient à eux quand ils le désirent et il leur fait des offres ; ils donnent à l'ennemi et celui-ci accepte ;

ils lui abandonnent et il vient prendre. Prêts à tout, ils profitent de toutes les circonstances ; toujours méfiants, ils font surveiller les subordonnés qu'ils emploient et, se méfiant d'eux-mêmes, ils ne négligent aucun moyen qui puisse leur être utile. Ils regardent les hommes qu'ils doivent combattre comme des pierres ou des pièces de bois qui doivent descendre une pente. Pierre et bois sont inertes par nature ; ils ne sortent de leur repos que par l'impulsion qu'ils reçoivent. Mis en mouvement, s'ils sont carrés, ils s'arrêtent vite ; ronds, ils roulent jusqu'à ce qu'ils rencontrent une résistance invincible.

Faites en sorte que l'ennemi soit entre vos mains comme une pièce arrondie que vous feriez rouler d'une hauteur de mille jin. Par là, on reconnaîtra votre autorité et votre puissance et que vous êtes digne du poste que vous occupez [3].

ARTICLE VI

DU PLEIN ET DU VIDE [1]

Sun Tse dit : Avant le combat, une chose très essentielle, c'est de bien choisir le point de rassemblement de vos troupes. Pour ne pas y être devancé par l'ennemi, il faut agir avec diligence, être installé avant qu'il ait eu le temps de vous reconnaître, avant même qu'il ait appris votre marche pour vous y porter. Être le premier en place est à rechercher.

Le général ne doit s'en rapporter qu'à lui-même pour faire un choix de cette importance. Outre la priorité d'occupation, un chef habile doit obtenir plus encore du choix qu'il effectue : être maître du rassemblement et de tous les mouvements de ce dernier. Il n'attend pas que l'ennemi l'appelle : il le fait venir et, si vous, vous avez réussi à inciter l'ennemi à venir volontairement où vous voulez précisément qu'il aille, ne manquez pas de lui aplanir toutes les difficultés et de lever tous les obstacles qu'il pourrait rencontrer, de crainte qu'alarmé par les impossibilités qu'il suppute ou les inconvénients trop manifestes qu'il découvre, il renonce à son dessein. Vous en seriez ainsi pour votre travail et pour vos peines et peut-être même aussi pour quelque chose de plus. La grande science est donc de lui faire vouloir tout ce que vous voulez qu'il fasse et de lui fournir, sans qu'il s'en aperçoive, tous les moyens de vous seconder.

Ayant ainsi disposé de votre point de rassemblement et de celui de l'ennemi, patientez tranquillement afin que votre adversaire esquisse ses premiers mouvements ; mais, en attendant, efforcez-vous de l'affamer au milieu de l'abondance, de le tourmenter dans le sein du repos et de lui susciter mille inquiétudes dans le temps même où il devrait se trouver en pleine sécurité. Mais si l'ennemi ne répond pas à votre attente, qu'il reste inerte et ne paraît pas disposé à quitter sa zone de rassemblement, sortez vous-même de la vôtre. Par votre mouvement, provoquez le sien, donnez-lui de fréquentes alertes, faites-lui naître l'occasion de quelque imprudence dont vous puissiez profiter [2].

S'il s'agit de garder, gardez avec force : soyez vigilant ; s'il s'agit d'aller, allez promptement, mais en sûreté, par des chemins tenus secrets. L'ennemi ne doit pas soupçonner dans quels lieux vous vous rendez. Sortez à l'improviste d'où il ne vous attend pas et tombez sur lui quand il y pensera le moins.

Lorsque, par marches et contremarches, vous aurez parcouru l'espace de mille li [3] sans avoir couru le moindre dommage, sans même avoir été arrêté, vous pourrez conclure : ou bien que l'ennemi ignore vos desseins, ou qu'il a peur de vous, ou qu'il ne sait pas garder les positions qui peuvent avoir de la valeur pour lui. Ne tombez pas dans un pareil défaut.

Le grand art d'un général est de laisser toujours ignorer à l'ennemi le lieu où il aura à combattre et de lui dissimuler les positions qu'il fait préparer. S'il y parvient et réussit à cacher le moindre de ses mouvements, il n'est pas seulement un habile général, c'est un homme extraordinaire, un vrai prodige, car, sans être vu, il voit ; il entend sans être entendu ; il agit sans bruit et dispose à sa convenance du sort de ses ennemis.

En outre si, l'armée ennemie étant déployée, vous n'apercevez dans ses lignes aucune solution de continuité, ne tentez pas d'enfoncer le front adverse. Si, décampant ou faisant retraite, l'ennemi opère avec diligence, marche en bon ordre, ne tentez pas de le poursuivre ; ou, si vous le poursuivez, que ce ne soit jamais ni trop loin, ni en pays non reconnu. Quand votre intention est d'engager la bataille, si l'ennemi reste dans ses retranchements, n'allez pas l'attaquer, surtout s'il est bien fortifié, couvert par de larges fossés ou de hautes murailles. De même si, n'estimant pas opportun de livrer le combat, vous voulez l'éviter, tenez-vous derrière vos retranchements, prenez vos dispositions pour soutenir l'attaque et préparez les contre-attaques utiles. Laissez alors l'ennemi se fatiguer, attendez qu'il soit en désordre ou en sécurité : vous pourrez alors contre-attaquer avec avantage.

Veillez attentivement à ne jamais séparer les différents corps de votre armée. Toujours ils doivent pouvoir se prêter une aide réciproque. Au contraire, par vos diversions, faites que l'ennemi sépare ses éléments. S'il se partage en dix corps, que chacun de ceux-ci soit attaqué par toute votre armée réunie : alors, toujours vous combattrez avec avantage. Ainsi, le grand nombre sera toujours de votre côté, quelque faible que soit votre armée. Or, toutes choses étant égales d'ailleurs, la victoire est ordinairement pour le plus grand nombre.

Que l'ennemi ne sache jamais comment vous avez l'intention de le combattre, ni la manière dont vous vous disposez à l'attaquer ou à vous défendre. Dans son ignorance, il multipliera les préparatifs, tâchera de se rendre fort partout, divisera ses forces : ce qui occasionnera sa perte.

Ne l'imitez pas : faites choix d'un secteur pour attaquer et mettez-y la majeure partie de vos forces. Pour l'attaque de front, mettez en première ligne vos troupes d'élite, car on résiste rarement à un premier effort alors qu'on répare difficilement un échec de début. L'exemple des braves entraîne les timorés. Ceux-ci suivent aisément le chemin ouvert, alors qu'ils seraient incapables de le frayer. Si vous voulez faire effort à une aile, mettez-y vos meilleures troupes et à l'autre ce qui est moins bon.

Il faut, en outre, connaître à fond le terrain où vous allez combattre, comme aussi le jour et l'heure où vous engagerez l'action : c'est un calcul qu'il ne faut pas négliger. Si l'ennemi est encore loin de vous, renseignez-vous, jour par jour, de ses étapes ; immobile dans votre camp, suivez-le pas à pas. Vos yeux ne le voient pas, mais vous voyez tout ce qu'il fait ; vos oreilles ne l'entendent pas, mais vous écoutez les ordres qu'il donne ; ainsi, témoin de sa conduite, vous pénétrez dans le fond de son cœur pour y lire la crainte et l'espérance.

Instruit de ses plans, de ses marches et de ses manœuvres, chaque jour vous le verrez se rapprocher du théâtre où vous voulez qu'il vienne. À ce moment, vous l'obligerez à marcher de telle sorte que la tête de ses troupes ne puisse recevoir de secours de la queue, que son aile droite ne puisse aider la gauche et vous le combattrez ainsi dans le temps et dans le lieu qui vous conviendront le mieux.

Aux approches du jour choisi pour la bataille, ne soyez ni trop loin, ni trop près de l'ennemi. Quelques li seulement, c'est le bon et dix li entiers sont le plus grand éloignement qu'il faudra laisser entre votre armée et la sienne[4].

Ne cherchez pas le nombre : la quantité est souvent plus nuisible qu'utile. Sous un bon général, une petite armée, bien disciplinée, est invincible. Les belles et nombreuses troupes du roi de Yee ne lui servirent de rien lorsque le roi de Oe[5] avec de faibles effectifs le vainquit, ne lui laissant de sa principauté qu'un souvenir amer et la honte de l'avoir mal gouvernée.

Que votre petite armée n'ait pas, néanmoins, la présomption de se jeter, sans réflexion, sur une armée plus nombreuse. Jamais précautions ne furent plus nécessaires. Avec les connaissances dont j'ai parlé, le général discerne s'il doit prendre l'offensive ou rester sur la défensive, quand il convient de ne pas bouger et quand il faut se mettre en mouvement et, s'il est forcé de combattre, de la contenance de l'ennemi, il déduit s'il sera vainqueur ou vaincu. Avant donc d'attaquer, examinez scrupuleusement si vous avez mis toutes les chances de votre côté.

Au moment de déclencher l'action, lisez dans le regard de vos soldats, observez leurs premiers mouvements : de leur ardeur ou de leur nonchalance, de leur intrépidité ou de leur hésitation, vous pourrez conclure au succès ou à la défaite. C'est un présage qui ne trompe pas que la contenance des troupes au moment de l'engagement. Tel qui a remporté une victoire décisive, eût été battu un jour plus tôt ou quelques heures plus tard.

Il en est des troupes comme d'une eau courante : la source élevée, la rivière coule rapidement ; basse, l'eau stagne ; si une cavité s'offre, l'eau la remplit dès qu'elle peut y accéder ; un trop-plein se manifeste-t-il, le surplus s'écoule aussitôt. Ainsi, en parcourant le front, vous remplissez les vides et vous enlevez les excédents ; vous abaissez le trop haut et vous relevez le trop bas. Le ruisseau suit la pente du terrain sur lequel il coule : l'armée doit s'adapter au terrain sur lequel elle se meut. Sans pente, l'eau ne peut couler ; mal commandées, les troupes ne peuvent vaincre : c'est le général qui décide de tout. Son habileté lui fait tirer parti de toutes les circonstances, même les plus dangereuses et les plus critiques. Il fait prendre à son armée les dispositions qu'il veut ainsi qu'à celle de l'ennemi. Il n'y a pas de qualités permanentes qui rendent les troupes invincibles et les plus médiocres soldats peuvent devenir d'excellents guerriers. C'est pourquoi il ne faut laisser échapper aucune occasion favorable. Les cinq éléments[6] ne sont ni partout, ni toujours également purs ; les quatre saisons ne se succèdent pas, chaque année, de la même manière, le soleil ne se lève et ne se couche pas tous les jours au même point de l'horizon ; la lune a différentes phases. Une armée bien commandée et bien disciplinée présente aussi ces variétés.

ARTICLE VII

DES AVANTAGES QU'IL FAUT SE PROCURER

Sun Tse dit : Lorsque le général a réuni dans une région toutes ses troupes, il doit leur procurer des positions avantageuses : c'est la condition de la réussite de ses projets et c'est plus difficile qu'on ne l'imagine.

Sur les positions, on considérera le proche et le lointain, les gains et les pertes, le travail et le repos, le diligent et le lent, c'est-à-dire rapprocher ce qui est loin, faire un avantage de ses pertes et transformer en travail utile l'oisiveté dégradante ; c'est encore agir de telle sorte que l'ennemi vous croit loin quand vous êtes près, que vous soyez fort alors que l'ennemi s'imagine que vous êtes affaibli par les pertes qu'il vous a occasionnées, que vous vous employez à des travaux utiles quand il se persuade que vous êtes inerte et que vous n'avez jamais été si prompt que lorsque vous semblez long à mouvoir : c'est ainsi que vous le tromperez, que vous l'endormirez au moment où vous vous disposez à le surprendre et sans qu'il ait le temps de se reconnaître.

L'art de profiter du proche et du lointain consiste à tenir l'ennemi à distance de vos lieux de stationnement et de vos postes importants, à l'éloigner de ce qui pourrait lui servir utilement et rapproché de ce qui peut vous être avantageux, à vous tenir constamment sur vos gardes pour ne pas être surpris et à être toujours en mesure de surprendre l'adversaire.

De plus, il n'est pas bon de s'engager dans de petites actions dont il n'est pas certain que vous tiriez profit, mais il est encore moins bon, si vous n'y êtes pas forcé, de vous engager dans une action générale si vous n'êtes pas certain d'une victoire complète. En pareil cas, la précipitation est toujours dangereuse. Risquée mal à propos, la bataille peut occasionner votre perte. Le moins qu'il puisse vous arriver, si le résultat est douteux ou la réussite incertaine, c'est de vous voir frustré de la plus grande partie de vos espérances et de ne pas parvenir à vos fins.

L'engagement pour la bataille décisive ne doit avoir lieu que si vous l'avez prévue, et que vous y soyez préparé depuis longtemps. Ne comptez pas sur le hasard. Lorsque vous serez résolu de livrer la bataille et que vos préparatifs en seront achevés, mettez en sûreté les bagages inutiles, allégez les troupes et tout ce qui les embarrasse ou les surcharge et ne leur laissez, en fait d'armes, que ce qu'elles peuvent aisément porter.

Si vous devez faire mouvement, hâtez-vous : marchez jour et nuit et doublez les étapes, mettez en tête les troupes d'élite et, en queue, les médiocres. Prévoyez tout, disposez tout et fondez sur l'ennemi quand il vous croit encore à 100 li d'éloignement [1] : dans ce cas, je vous prédis la victoire. Mais si, ayant à faire 100 li de chemin avant d'atteindre l'ennemi, vous n'en parcourez que 50 et que l'ennemi, s'étant porté à votre rencontre, en ait fait autant, il y a cinq chances sur dix que vous soyez battu comme deux chances sur trois que vous soyez vainqueur. Si l'ennemi n'apprend que vous allez à lui que lorsqu'il ne vous reste plus que 30 li à faire pour pouvoir le joindre, il y a peu de chance que, dans le faible temps qui lui reste, il puisse préparer une parade au coup qui le menace.

Que le souci de faire reposer vos troupes, lorsque vous serez arrivé, ne vous fasse pas différer l'attaque. Un ennemi surpris est à demi vaincu. Mais si vous lui laissez le temps de se reconnaître, il trouvera des ressources pour vous échapper et peut-être pour vous perdre. Aussi, pour ménager vos troupes, ne négligez rien de ce qui peut contribuer au bon ordre, à la santé, à la sûreté, au bon entretien des armes, au transport et à la répartition des vivres, car si ceux-ci viennent à manquer vous ne pourrez réussir. Par vos intelligences secrètes avec les ministres étrangers ou par les informations prises sur les desseins des princes alliés ou tributaires, par la connaissance des intrigues, bonnes ou mauvaises qui peuvent influer sur la conduite de votre prince et modifier les projets que vous exécutez, vous vous assurez la possibilité de mener à bien vos desseins. À leurs cabales, vous opposez votre prudence et votre acquis. Ne les méprisez pas, sachez parfois recourir à leurs avis comme s'ils vous étaient précieux ; soyez ami de leurs amis, n'opposez pas leurs intérêts aux vôtres, cédez-leur pour l'accessoire, entretenez avec eux l'union la plus étroite qu'il vous sera possible[2].

Mais plus que tout cela : connaissez avec exactitude et dans le plus infime détail tout ce qui vous environne, les couverts (forêts ou bois), les obstacles (fleuves, rivières, ruisseaux, marécages), les hauteurs (montagnes, collines, buttes), les espaces libres (plaines, vallées à faible pente), c'est-à-dire tout ce qui peut servir ou nuire à vos troupes. Si vous ne pouvez voir par vous-même, faites reconnaître et ayez des guides sûrs.

Lorsque les circonstances commandent la tranquillité, que vos troupes vivent dans un calme semblable à celui qui règne dans les forêts épaisses. S'il faut que l'ennemi vous entende, surpassez le bruit du tonnerre ; s'il faut être ferme, soyez montagne ; s'il faut courir au pillage, soyez torrent de feu ; éclair pour éblouir l'ennemi, soyez obscur comme la nuit pour cacher vos projets. Ne tentez rien en vain mais seulement dans l'espérance et même la certitude d'un avantage réel et que le butin soit équitablement partagé pour ne pas faire de mécontents. Prévoyez de quelle manière, en quelque circonstance que ce soit, vous pourrez transmettre vos ordres et savoir qu'ils sont exécutés. Si la voix ne porte pas, servez-vous du tambour et du lo[3], des étendards et pavillons. Convenez des signaux que vous utiliserez. Tambours et lo serviront de préférence la nuit ; étendards et pavillons le jour. La nuit, le bruit servira autant à jeter l'épouvante chez vos ennemis qu'à raffermir le courage de vos soldats. Le jour, le nombre des fanions, leurs éclatantes couleurs, leurs combinaisons instruiront vos troupes, les tiendront en haleine et jetteront trouble et perplexité chez l'ennemi. Ainsi ce qui vous sera profitable sera nuisible à l'adversaire. Votre armée sera promptement avisée de vos volontés, alors que l'ennemi sera rendu perplexe : vos troupes seront aussi rassurées que l'ennemi sera inquiet de ce que vous pensez entreprendre et qu'il ne peut que craindre.

Ne laissez pas un brave sortir du rang pour provoquer l'ennemi. Il est rare qu'il en revienne et il en périt trop, soit par trahison, soit par la riposte du grand nombre.

Quand vos troupes paraissent animées de bonnes dispositions, utilisez leur ardeur : il faut savoir faire naître les occasions et en profiter lorsqu'elles sont favorables, mais il est bon de recueillir l'avis des chefs et leurs indications quand elles s'inspirent de l'intérêt général.

Le temps et les conditions atmosphériques doivent entrer en considération. L'air du matin et du soir donne de la force. Le matin, les soldats sont dispos ; le soir, ils ont toute leur vigueur. Au milieu du jour, ils sont mous et languissants ; pendant la nuit, ils aspirent au repos pour se retremper des fatigues.

Vous attaquerez l'ennemi avec chance quand il est faible ou fatigué à la condition d'avoir fait reposer vos troupes pour mettre de votre côté l'avantage de la force et de la vigueur.

Si l'ordre règne chez l'adversaire, attendez qu'il soit interrompu. Si vous êtes trop près de l'ennemi et que cela vous gêne, éloignez-vous pour l'attaquer quand il viendra à vous. S'il manifeste un excès d'ardeur, attendez que celle-ci se ralentisse et qu'il soit accablé par l'ennui et la fatigue. Quand il sera rangé comme les cigognes prêtes à s'envoler, gardez-vous d'aller à lui. S'il vient à vous, réduit au désespoir, pour vaincre ou pour mourir, évitez la rencontre. S'il retraite vers des lieux élevés, ne l'y poursuivez pas ; si vous êtes dans des lieux défavorables, n'y stationnez pas et si l'ennemi, réduit à l'extrémité, abandonne sa position, veut se frayer un chemin pour s'installer ailleurs, ne tentez pas de l'arrêter. S'il est agile et leste, ne courez pas après lui et s'il est dépourvu de tout, prévenez son désespoir.

Voilà les différents avantages que vous devez tâcher de vous procurer lorsque, à la tête d'une armée, vous aurez à vous mesurer avec des ennemis qui peuvent être aussi prudents et aussi vaillants que vous et ne pourraient être vaincus si vous n'usiez des stratagèmes que je viens d'énumérer.

ARTICLE VIII

DES NEUF CHANGEMENTS[1]

Sun Tse dit :

I - Sortez sans tarder des bas-fonds marécageux, des terres inondables, des forêts mal percées, des régions montagneuses dépourvues de chemins, des zones arides ou désertes, des pays coupés, de partout, enfin, où les communications sont difficiles et où les secours rapidement acheminés ne peuvent vous appuyer, en cas de besoin, mais recherchez les espaces libres où vos troupes peuvent se déployer et vos alliés vous apporter l'aide nécessaire[2].

II - Évitez le plus possible de faire stationner vos troupes dans des lieux privés de communication ou, si la nécessité vous y contraint, n'y demeurez que le temps qu'il faut pour en sortir et, dès votre arrivée, prenez les mesures efficaces pour le faire en sûreté et en bon ordre.

III - Quittez promptement les régions où il n'y a ni eau, ni vivres, ni fourrages. Faites-le en vous assurant que le lieu que vous avez choisi peut être mis à l'abri d'une surprise de l'ennemi, qu'il est pourvu de ressources et que vous pourrez en sortir aisément et s'il est tel, n'hésitez pas à vous en emparer.

IV - Si vous êtes dans un lieu de mort, cherchez l'occasion de combattre. J'appelle lieu de mort ces régions dépourvues de ressources, malsaines aussi bien pour les vivants que pour les provisions qui se gâtent. En telle occurrence, n'hésitez pas à vous battre. Les troupes ne demanderont pas mieux, préférant risquer de mourir de la main de l'ennemi que de succomber misérablement sous le poids des maux qui vont les accabler.

V - Si, par hasard ou imprudence, une rencontre se produisait dans des lieux coupés de défilés, propices aux embuscades et desquels une prompte retraite est difficile, gardez-vous bien d'attaquer l'ennemi, mais, si celui-ci vous attaque, combattez jusqu'à la mort. Qu'un léger avantage ne vous incite pas à poursuivre : c'est peut-être un piège. Restez sur vos gardes même après les apparences d'une victoire complète.

VI - N'assiégez pas une place, si petite soit-elle, si elle est bien fortifiée, abondamment pourvue de vivres et de munitions et, si vous n'êtes renseigné sur l'état excellent où elle se trouve qu'après l'ouverture des travaux, ne vous obstinez pas à les poursuivre. Vous risquez d'échouer et d'être contraint d'abandonner honteusement.

VII - Ne négligez pas de prendre un petit avantage s'il est accessible sûrement et à bon compte. La somme de ceux que vous n'aurez pas saisis occasionne souvent de grandes pertes et d'irréparables dommages.

VIII - Avant de vous déterminer à prendre ces avantages, comparez le résultat qu'ils vous procureront avec les efforts, les consommations et les pertes qu'ils exigeront et jugez si vous pourrez les conserver.

IX - Quand il faut agir promptement, il ne faut pas attendre les ordres du Prince. Si même il vous faut agir contre les ordres reçus, faites-le sans crainte ni hésitation. Vous avez été mis à la tête des troupes pour vaincre l'ennemi et la conduite que vous tiendrez est celle qui vous eût été prescrite par le Prince s'il avait prévu les circonstances où vous vous trouvez.

Telles sont les neuf circonstances qui peuvent vous engager à changer vos dispositions. Au reste, un bon général ne doit jamais dire « *Quoi qu'il arrive, je ferai telle chose, j'irai là, j'attaquerai l'ennemi, j'assiégerai telle place.* » Seules, les circonstances doivent le déterminer. Il ne doit pas s'en tenir à un système constant, ni à une manière unique de commander. Chaque jour, chaque occasion, chaque circonstance demande une application particulière des mêmes principes. Les principes sont bons en eux-mêmes, mais l'application qui en est faite les rend souvent mauvais.

Un grand général doit savoir l'art des changements. S'il se borne à une connaissance vague de certains principes, à une application routinière des règles de l'art, si ses méthodes de commandement sont dépourvues de souplesse, s'il se borne à examiner les situations conformément à quelques schémas, s'il prend ses résolutions d'une manière automatique, il ne mérite pas le nom qu'il porte et il ne mérite même pas de commander.

Par le rang qu'il occupe, un général est un homme au-dessus d'une multitude d'hommes ; il doit donc savoir gouverner les hommes et les conduire. Il faut qu'il soit au-dessus d'eux, non pas seulement par sa dignité, mais par son intelligence, son savoir, sa compétence, sa conduite, sa fermeté, son courage et ses vertus. Il doit savoir discerner, parmi les avantages, ceux qui ont du prix et ceux qui n'en ont pas, ce qu'il y a de réel ou de relatif dans les pertes subies et compenser avantages et pertes les uns par les autres, et tirer parti de tout, savoir tromper l'ennemi et n'en être pas dupe, n'ignorer aucun des pièges qu'on peut lui tendre et pénétrer toutes les ruses, de quelque nature qu'elles soient. Il ne s'agit pas de deviner (car à trop faire d'hypothèses, vous risquez d'être victime de vos conjectures précipitées), mais seulement d'opérer toujours en sûreté, d'être toujours en éveil, de s'éclairer sur la conduite de l'ennemi et de conclure[3].

Pour n'être pas accablé par la multitude des travaux et des efforts à accomplir, attendez-vous toujours à ce qu'il y a de plus dur et de plus pénible et travaillez sans cesse à susciter des difficultés à votre adversaire. Il y a plus d'un moyen pour cela, mais voici l'essentiel.

Corrompez tout ce qu'il y a de mieux chez lui par des offres, des présents, des promesses, altérez la confiance en poussant les meilleurs de ses lieutenants à des actions honteuses et viles et ne manquez pas de les divulguer : entretenez des relations secrètes avec ce qu'il y a de moins recommandable chez l'ennemi et multipliez le nombre de ces agents.

Troublez le gouvernement adverse, semez la dissension chez les chefs en excitant la jalousie ou la méfiance, provoquez l'indiscipline, fournissez des causes de mécontentement en raréfiant l'arrivée des vivres et des munitions ; par la musique amollissez le cœur des troupes, envoyez-leur des femmes qui les corrompent ; faites en sorte quc les soldats ne soient jamais où ils devraient être : absents quand ils devraient se trouver présents, au repos quand leur place serait en première ligne. Donnez-leur de fausses alarmes et de faux avis, gagnez à vos intérêts les administrateurs et gouverneurs des provinces ennemies. Voilà ce qu'il faut faire, pour créer des difficultés par adresse et par ruse [4]. Ceux des généraux qui brillaient parmi nos ancêtres étaient des hommes sages, prévoyants, intrépides et durs à la besogne. Toujours, ils avaient leur sabre pendu au côté ; ils étaient prêts à toute éventualité. S'ils rencontraient l'ennemi, ils n'attendaient pas d'être renforcés pour l'attaquer. Leurs troupes étaient disciplinées et toujours en état de marcher au premier signal. Chez eux, l'étude et la méditation précédaient la guerre et les y préparaient. Ils surveillaient la frontière avec vigilance et ne négligeaient rien pour en renforcer la défense. Ils n'attaquaient pas un ennemi prêt à les recevoir, mais ils le surprenaient pendant qu'il était oisif ou désœuvré.

Avant de terminer cet article, je dois vous mettre en garde contre cinq sortes de dangers, d'autant plus redoutables qu'ils paraissent moins à craindre, écueils funestes contre lesquels la prudence et la bravoure ont échoué plus d'une fois.

I - Le premier est la témérité à risquer la mort. C'est à tort qu'on la glorifie sous les noms de courage, intrépidité, valeur, mais ce n'est, en fait, que lâcheté. Un général qui s'expose sans nécessité, comme le ferait un simple soldat, qui semble chercher le danger et la mort, qui combat lui-même et qui fait combattre jusqu'à la dernière extrémité, est un homme qui n'est bon qu'à mourir. C'est un simple, dépourvu de ressources ; c'est un faible qui ne peut supporter le moindre échec sans être déprimé et qui se croit perdu s'il en subit un.

II - Le deuxième est l'excès de précautions à conserver sa vie. Se croyant indispensable à l'armée, on n'a garde de s'exposer, on ne tente rien, tout inquiète ; toujours dans l'expectative, on ne se détermine à rien ; en perpétuelle instance d'une occasion favorable, on perd celle qui se présente ; on reste inerte en présence d'un ennemi attentif, qui profite de tout et a tôt fait de dissiper toute espérance à un général aussi prudent. Bientôt manœuvré, il périra par le trop grand souci qu'il avait de conserver sa vie.

III - Le troisième est le manque de maîtrise de soi-même. Un général qui ne sait pas se modérer ou se dominer, qui se laisse emporter par son indignation ou sa colère, doit devenir la dupe de ses ennemis, lesquels sauront bien le provoquer, lui tendre mille pièges qu'il ne saura discerner et dans lesquels il tombera.

IV - Le quatrième est un point d'honneur mal entendu. Un général ne doit pas avoir cette susceptibilité ombrageuse. Il doit savoir dissimuler ses froissements. Après un échec, il ne faut pas se croire déshonoré et se laisser aller à des résolutions désespérées. Pour réparer une atteinte à son honneur, on le perd parfois irrémédiablement.

V - Le cinquième, enfin, est une trop grande sensibilité pour le soldat. Un général qui, pour ne pas punir, ferme les yeux sur le désordre et l'indiscipline, qui n'impose pas les travaux indispensables pour ne pas accabler ses troupes, n'est propre qu'à tout compromettre. Il faut que les soldats aient une vie rude, qu'ils soient toujours occupés. Il faut punir avec sévérité mais sans méchanceté ; il faut faire travailler, mais sans aller jusqu'au surmenage.

En somme : sans trop chercher à vivre ou à mourir, le général doit se conduire avec valeur et prudence, selon les circonstances ; s'il a des raisons de se mettre en colère, qu'il le fasse avec mesure et non pas à la manière du tigre qui ne connaît aucun frein ; s'il estime son honneur blessé et qu'il veuille le réparer que ce soit avec sagesse et non en suivant une impulsion capricieuse ; il doit aimer ses soldats et les ménager, mais sans le montrer avec ostentation et, soit qu'il livre des batailles, soit qu'il déplace ses troupes, soit qu'il assiège des villes, qu'il joigne toujours la ruse à la valeur, la sagesse à la force, pensant à réparer ses fautes, s'il en a commises, à profiter de celles de l'ennemi en se préoccupant de lui en faire commettre de nouvelles.

ARTICLE IX

DE LA CONDUITE QUE LES TROUPES DOIVENT TENIR

Sun Tse dit : Avant de faire stationner vos troupes, sachez dans quelle position sont les ennemis, renseignez-vous sur le terrain et choisissez ce qui vous offre le plus d'avantages. Ces différentes situations peuvent se réduire à quatre points.

I - Dans un pays montagneux, occupez les versants qui regardent le sud et non ceux qui sont exposés au nord. Cet avantage est d'importance[1]. Sur ce versant choisi, étendez-vous jusqu'au bas des vallées pour y trouver l'eau et les fourrages, vous serez égayé et réchauffé par le soleil et l'air y est plus salubre.

Si les ennemis surviennent par l'autre versant pour vous surprendre, vous en serez prévenu par les postes que vous aurez placés à la crête. Vous vous retirerez si vous n'êtes pas en force pour leur résister ou vous vous préparerez à combattre si vous estimez pouvoir être vainqueur sans trop de pertes. Mais ne combattez sur les crêtes que par nécessité et n'allez jamais y chercher l'ennemi.

II - Si vous êtes près d'une rivière, approchez-vous le plus possible de sa source. Reconnaissez les endroits marécageux et les points où elle peut être franchie. Si vous avez à la passer, ne le faites jamais en présence de l'ennemi, mais, si celui-ci veut en tenter le franchissement, attendez que la moitié de ses effectifs soit de l'autre côté : vous serez ainsi à deux contre un. Près des rivières, tenez toujours les hauteurs d'où vous pourrez observer l'ennemi, mais n'attendez pas celui-ci près des bords et n'allez pas au-devant de lui. Tenez-vous sur vos gardes afin qu'en cas de surprise, vous ayez un lieu pour vous y retirer.

III - Des lieux humides, marécageux et malsains, éloignez-vous au plus vite, car de grands maux vous y attendent, notamment la disette et les épidémies. Si vous êtes contraint d'y rester, placez-vous sur les bords et gardez-vous de pénétrer trop avant. Une forêt, laissez-la derrière vous.

IV - Dans une plaine sans obstacle, vos ailes ne doivent pas avoir la vue masquée et il faut chercher derrière votre centre une élévation qui puisse permettre de découvrir le terrain en avant. Si les avants ne présentent que des objets de mort [2], ménagez derrière vous des lieux où vous trouverez des remèdes contre l'extrême nécessité.

De l'art de faire stationner judicieusement ses troupes dépend la plus grande partie des succès militaires. C'est parce qu'il possédait à fond cet art que l'empereur Siuann-iuann [3] (Hoang-Ti) triompha de ses ennemis et soumit tous ses voisins.

De tout ce qui précède, il faut conclure que, pour des raisons de salubrité, il faut préférer les hauteurs aux lieux bas ; sur les hauteurs, il faut choisir le côté du midi à cause de sa fertilité et de son abondance. Ainsi s'augmentent les chances de succès car le bien-être et la santé, conséquences d'une bonne nourriture, donnent au soldat force et courage, tandis que la tristesse et les maladies l'épuisent et le découragent.

Les campements près des rivières ont des avantages qu'il ne faut pas négliger et des inconvénients qu'il convient d'éviter. De préférence, tenez l'amont et laissez l'aval à l'ennemi, car vous aurez ainsi l'avantage des gués plus nombreux et des eaux plus salubres.

Après des pluies abondantes, attendez pour vous mettre en marche que les affluents supérieurs aient déversé leurs eaux et ne franchissez pas la rivière que celle-ci ait repris son courant normal. Vous le discernerez lorsque vous n'entendrez plus le grondement des eaux, que l'écume cessera de surnager et que le sable et la terre ne couleront plus avec l'eau.

Si le hasard ou la nécessité vous ont conduit dans des

lieux parsemés de défilés, coupés de précipices, couverts de forêts ou de marais fangeux, retraversez-les promptement et éloignez-vous-en le plus vite possible. En vous éloignant, l'ennemi s'en rapprochera. Si vous retraitez, l'ennemi vous poursuivra et c'est lui qui sera exposé aux dangers que vous avez évités.

Gardez-vous également de ces sortes de pays entrecoupés de petits bois ou d'épais taillis ou de ces contrées pleines de hauts et de bas, où collines et vallons se succèdent. De ces couverts, à chaque instant, l'assaillant peut sortir et vous attaquer. Si vous en êtes loin, n'en approchez pas ; si vous en êtes près, ne vous mettez pas en marche qu'ils n'aient été fouillés. Si l'ennemi vous y attaque, qu'il ait contre lui le désavantage du terrain. Pour vous, ne l'attaquez que lorsqu'il sera à découvert. Enfin, quel que soit le lieu de stationnement choisi, bon ou mauvais, sachez en tirer parti : activité et vigilance, surveillez tous les mouvements de l'ennemi, postez des espions de distance en distance jusqu'au milieu de l'ennemi, jusque dans la tente du général et ne négligez rien des informations qu'ils vous enverront. Faites attention à tout.

Si votre découverte vous dit que les arbres bougent, bien qu'il n'y ait pas de vent, c'est que l'ennemi est en marche. Il se peut qu'il vienne à vous : préparez-vous soit à le recevoir, soit à vous porter à sa rencontre. Si l'on vous dit que les herbes des champs sont très hautes, redoublez de vigilance, car une surprise est possible. Si l'on vous dit qu'on a vu des oiseaux attroupés voler par bandes sans s'arrêter, méfiez-vous : des détachements s'approchent pour vous espionner ou vous tendre des embuscades, mais si, outre les oiseaux, les quadrupèdes errent dans la campagne comme s'ils n'avaient plus de gîte, c'est une marque que ces détachements se sont postés. Si on vous rapporte qu'on aperçoit de loin des tourbillons de poussière s'élever dans l'air, concluez que l'ennemi est en marche. Si la poussière est épaisse et basse : ce sont des fantassins et là où elle est légère et haute, sont les cavaliers et les chars. Vous informe-t-on que l'ennemi se déplace par petits paquets : c'est qu'il a dû traverser quelque bois, qu'ils ont fait des abattis et qu'ils sont fatigués : ils cherchent alors à se rassembler. Si on voit dans la campagne des fantassins et des cavaliers isolés, dispersés, çà et là, par petites bandes, c'est une indication que les ennemis sont campés à proximité.

Interprétez ces indices aussi bien pour préjuger la position de l'ennemi que pour faire avorter ses projets et vous prémunir contre une surprise.

Voici encore d'autres indices auxquels vous devez une attention particulière.

Si vos espions vous disent que, dans le camp ennemi, on parle bas et à mots couverts, que l'attitude des adversaires est réservée : concluez qu'une action générale est projetée et que les préparatifs sont en cours. N'attendez pas qu'ils vous surprennent, allez à eux promptement pour les surprendre. Si, au contraire, vous apprenez qu'ils sont bruyants et pleins de morgue, c'est qu'ils n'ont nulle idée d'en venir aux mains et pensent plutôt à retraiter. Si vous êtes informé que des chars vides précèdent les troupes, préparez-vous à combattre[4] car l'ennemi a déjà pris sa formation de bataille et ce n'est pas le moment d'écouter les propositions de paix ou d'alliance qu'il pourrait vous faire : ce ne serait qu'un artifice. L'ennemi s'approche-t-il à marches forcées : il tient la victoire pour assurée. S'il va, vient, tantôt avance et tantôt recule : c'est qu'il veut vous attirer au combat. Si vos adversaires sont apathiques, s'appuient sur leurs armes comme sur des bâtons : c'est qu'ils sont épuisés, réduits aux expédients et qu'ils meurent de faim ; si, passant près de quelque rivière, ils se débandent pour se désaltérer, c'est qu'ils souffrent de la soif ; s'ils dédaignent les appâts utiles que vous leur tendez, c'est qu'ils se défient ou qu'ils ont peur ; si le courage d'avancer leur fait défaut dans une circonstance où ce mouvement s'impose : ce sont les soucis, les embarras ou les inquiétudes qui les retiennent.

En outre, repérez les campements successifs qu'ils ont occupés : les attroupements d'oiseaux, à certaines places, vous les signaleront. Si ces campements se succèdent à courte distance, vous pourrez conclure que vos ennemis montrent peu de talents dans la connaissance du terrain. Le vol des oiseaux ou les cris de ceux-ci peuvent vous indiquer la présence d'embuscades invisibles.

Si le camp ennemi vous offre le spectacle de festins et ripailles ininterrompues, réjouissez-vous-en : c'est la preuve infaillible que les généraux n'ont aucune autorité.

Si leurs étendards changent souvent de place, c'est une preuve d'irrésolution. Si les gradés subalternes sont inquiets, nerveux, mécontents et susceptibles, c'est que les soucis les préoccupent ou qu'ils sont accablés par la fatigue. Si l'on tue des chevaux en cachette pour les dévorer, c'est que les provisions tirent à leur fin.

Une telle minutie dans les détails peut vous paraître superflue, mais cette énumération n'a pour but que d'appeler votre attention sur la nécessité d'observer et de réfléchir et de vous convaincre que rien n'est inutile qui peut contribuer au succès. L'expérience me l'a appris : elle vous l'apprendra de même, mais que ce ne soit pas à vos dépens.

Encore une fois, éclairez-vous sur l'ennemi quoi qu'il fasse, mais veillez aussi sur vos propres troupes. Voyez tout et sachez tout. Il faut interdire le vol, le brigandage, la débauche et l'ignorance, les mécontentements et les complots, la paresse et l'oisiveté. Sans même qu'on vous en informe, voici comment, par vous-même, vous pourrez vous en rendre compte :

Si quelque soldat, en se déplaçant, laisse tomber un objet, même de minime valeur, et ne se baisse pas pour le ramasser ; si, ayant perdu un ustensile, il ne le réclame pas : c'est un voleur. Qu'il soit puni comme tel.

Si, parmi vos gens, il y a des conciliabules, si l'on y parle de bouche à oreille, si l'on ne désigne les choses qu'à demi-mot : c'est que la peur a fait son apparition, que le mécontentement couve et que des cabales vont se former : mettez-y promptement ordre.

Si la troupe paraît minable et que certaines choses utiles lui font défaut, ajoutez à la solde un petit supplément, mais ne soyez pas prodigue, car abondance d'argent est plus funeste qu'impécuniosité. Par l'abus qu'on en fait, elle est source de corruption et mère de tous les vices.

Si d'audacieux qu'ils étaient, vos soldats deviennent craintifs, si la force fait place à la faiblesse, la lâcheté au courage, c'est que le moral est altéré. Cherchez la cause de la dépravation et tranchez-la jusqu'à la racine.

Si de nombreux soldats demandent leur libération du service, c'est qu'ils ne veulent plus se battre. Ne refusez pas tous les congés, mais imposez des conditions humiliantes à ceux qui les obtiendront.

S'ils viennent en troupe réclamer justice sur un ton arrogant, écoutez leurs raisons, donnez-leur satisfaction d'un côté, mais sachez réprimer durement de l'autre.

Si un ordre donné n'est pas suivi d'une prompte obéissance, si l'on tarde à venir ou à se retirer : méfiez-vous et soyez sur vos gardes.

La conduite des troupes demande des attentions sur tout, aussi bien sur l'ennemi que sur vos troupes. Quand augmente le nombre de vos adversaires, vous devez être informé de la mort ou de la désertion du moindre de vos soldats.

Si, parce que ses forces sont inférieures, l'ennemi n'ose vous assaillir, attaquez-le sans délai, sans lui laisser le temps de se renforcer : une seule bataille, dans ce cas, peut être décisive. Mais si vous ignorez la force actuelle de l'ennemi et que, n'ayant pas mis ordre à tout, vous vous avisez de le harceler pour l'engager au combat, vous risquez de tomber dans un piège et de vous faire battre. Si la discipline n'est pas maintenue, si les fautes ne sont pas réprimées, vous perdrez toute autorité et tout respect et, par la suite, l'emploi des châtiments les plus rigoureux ne fera qu'augmenter le nombre des coupables. Or, si vous n'êtes ni craint, ni respecté, si vous êtes dépourvu d'autorité, comment pouvez-vous être avec honneur à la tête de l'armée, et comment pourrez-vous combattre les ennemis de l'État ?

Quand vous devez punir, faites-le rapidement et dès que les fautes l'exigent. Quand vous avez des ordres à donner, ne les donnez qu'avec la certitude que vous serez promptement obéi ; instruisez vos troupes en leur inculquant des notions pratiques ; ne les ennuyez pas, ne les fatiguez pas sans nécessité. Le bon et le mauvais, le bien et le mal qu'elles peuvent faire est entre vos mains. Avec les mêmes individus, une armée peut être très méprisable avec tel général et invincible avec tel autre.

ARTICLE X

DE LA CONNAISSANCE DU TERRAIN

Sun Tse dit : Tous les lieux de la surface de la terre ne sont pas d'une valeur équivalente. S'il en est que vous devez fuir, d'autres sont à rechercher, tous doivent être parfaitement connus.

Dans les premiers, sont à ranger ceux qui n'offrent que d'étroits passages, qui sont bordés de rochers ou de précipices, qui n'ont pas d'accès facile avec les espaces libres desquels vous pouvez attendre du secours. Connaissez-les pour ne pas y engager votre armée mal à propos.

Recherchez au contraire un lieu dominé par une élévation suffisante pour que son occupation vous préserve de toute surprise, où l'on accède et d'où l'on peut sortir par plusieurs chemins que vous aurez reconnus, où les vivres sont abondants, les eaux salubres, l'air sain et le terrain assez uni. Mais, en toutes circonstances, que vous vouliez occuper un emplacement favorable ou évacuer un lieu dangereux ou incommode, faites vite comme si l'ennemi avait la même préoccupation que vous.

Si le lieu est à égale distance de l'ennemi et de vous, aussi facilement accessible à lui qu'à vous, il faut l'y devancer. Faites au besoin des marches de nuit, mais arrêtez-vous au lever du soleil et, de préférence, sur quelque éminence afin d'avoir des vues lointaines. Attendez alors l'arrivée de vos convois de ravitaillement et, si l'ennemi vient à vous, vous le recevrez de pied ferme et pourrez le combattre avec avantage.

Écartez-vous de ces endroits d'accès facile, mais dont on ne sort qu'avec peine. Laissez un tel choix à l'ennemi et, s'il est assez imprudent pour les occuper, attaquez-le. Il ne vous échappera pas et vous le vaincrez sans peine.

Quand vous occuperez un terrain avec tous ses avantages,

laissez à l'ennemi le soin de prononcer les premières attaques. S'il se présente en bon ordre, ne vous portez à sa rencontre que lorsqu'il lui sera difficile de revenir sur ses pas.

Un ennemi bien préparé au combat et contre qui votre attaque a échoué est dangereux. C'est le moment de vous mettre à l'abri dans votre camp et non pas de recommencer l'attaque. Ne le faites que s'il apparaît que l'ennemi ne prépare aucun piège et pensez qu'il fera tout pour vous attirer en rase campagne.

Si l'ennemi est arrivé avant vous sur la position que vous aviez choisie, ne perdez pas votre temps inutilement à vouloir l'en faire sortir par des stratagèmes connus.

Si l'ennemi a du champ devant lui et que les forces sont à peu près équivalentes, il ne se laissera pas prendre aux pièges que vous lui tendez pour l'en faire sortir. Ne perdez pas votre temps inutilement. Vous réussirez mieux d'un autre côté. Considérez que l'ennemi met autant d'empressement que vous à chercher ses avantages. Essayez donc de lui donner le change de ce côté, mais surtout ne le prenez pas vous-même. Retenez qu'on peut tromper ou être trompé de bien des façons. Je me bornerai à vous en rappeler six principales, desquelles dérivent toutes les autres.

La première consiste dans la marche des troupes.
La deuxième dans les divers arrangements.
La troisième dans leur position dans des lieux bourbeux.
La quatrième dans leur désordre.
La cinquième dans leur dépérissement.
La sixième dans leur fuite.

Un général qui subirait un échec pour avoir ignoré ces connaissances aurait tort d'accuser le ciel de son malheur. Il ne devrait s'en prendre qu'à lui.

Si le chef d'une armée néglige d'apprendre tout ce qui concerne ses troupes et celles qu'il aura à combattre, s'il n'a pas étudié le terrain sur lequel il se trouve, celui où il se propose d'aller, celui sur lequel il pourrait se retirer le cas échéant, celui où on peut feindre d'aller, sans autre envie que d'y attirer l'ennemi et celui sur lequel il peut être forcé de s'arrêter, en cas d'imprévu ; s'il fait mouvoir son armée hors de propos, s'il n'est pas instruit de tous les mouvements de l'adversaire comme des projets de celui-ci ; s'il divise ses troupes sans nécessité ou sans y être contraint par la nature du terrain ou sans avoir prévu tous les inconvénients qui pourraient en résulter ou sans escompter un avantage de cette dispersion ; s'il tolère que le désordre s'introduise dans son armée ou si, sur des indices non conformés, il se persuade que le désordre règne dans l'armée ennemie et agisse en conséquence ; si son armée dépérit insensiblement sans qu'il y apporte un prompt remède, un tel général sera inévitablement la dupe de ses ennemis qui le tromperont par de fausses manœuvres et par un ensemble de feintes dont il sera la victime. Les maximes suivantes doivent vous servir de règles pour toutes vos actions.

À force égale entre l'ennemi et vous, sur dix des avantages du terrain, ayez-en neuf pour vous. Pour vous les procurer, mettez en œuvre toute votre application et toutes vos ressources. Ainsi fait, l'ennemi n'osera pas se montrer et il fuira dès que vous vous montrerez. S'il est assez imprudent pour vous attaquer, vous le combattrez avec l'avantage de dix contre un. Si, faute d'habileté ou de diligence, vous lui laissez le temps de se procurer ce qu'il n'a pas, c'est le contraire qui arrivera.

Mais, quelle que soit la position que vous occupiez, eussiez-vous même des soldats valeureux et courageux, si vos officiers sont lâches et timides, vous serez battus. Il en sera de même si vos officiers ont force et valeur, mais que leurs soldats sont craintifs et sans énergie car, dans le premier cas, bien que les soldats ne veuillent pas se déshonorer, ils ne pourront faire plus que ce que leur montrent leurs officiers et, dans le second cas, des officiers intrépides et vaillants ne pourront se faire obéir de soldats poltrons et timorés.

Si les officiers généraux ne peuvent maîtriser leurs impulsions, s'ils ne savent ni dissimuler ni freiner leur mauvaise humeur, quel qu'en puisse être le motif, ils s'engageront d'eux-mêmes dans des affaires partielles, dont ils ne sortiront pas honorablement parce qu'ils les auront entamées avec précipitation et n'en auront prévu ni le déroulement ultérieur ni les conséquences. Parfois même, ils agiront contre les intentions du général, sous des prétextes qu'ils s'évertueront à rendre plausibles et une action particulière, entamée étourdiment, contre toutes les règles, dégénérera en mêlée générale, dont tout l'avantage sera pour l'ennemi.

De tels officiers doivent être étroitement surveillés. Tenez-les à vos côtés, quelque grandes qualités qu'ils puissent avoir par ailleurs. Ils peuvent vous occasionner les pires préjudices et même la perte de votre armée.

Si le général est pusillanime, il n'aura pas l'élévation de sentiments qui convient à un homme de son rang, il sera incapable d'enflammer ses troupes ; au lieu d'exciter leur courage, il le ralentira. Il ne saura leur apprendre les enseignements à tirer de la guerre. Doutant de ses capacités aussi bien que de celles de ses subordonnés, il donnera des ordres équivoques qui provoqueront l'hésitation et les fausses manœuvres, rectifiant sans cesse ce qu'il a prescrit, modifiant sans aucune méthode ni suite dans les idées. Hésitant sur tout, il ne se décidera sur rien, tout lui sera sujet de crainte, et alors le désordre, un désordre général, régnera dans son armée.

Si un général ignore le fort et le faible de l'ennemi, s'il ne connaît pas à fond les lieux que celui-ci occupe actuellement comme ceux qu'il occupera éventuellement, il lui arrivera d'opposer ce qu'il a de plus faible à ce que l'ennemi a de plus fort, à lancer ses forces légères contre les forces lourdes, à faire attaquer où il fallait éviter de le faire, à ne pas apporter de secours aux troupes qui sont à la limite de leur résistance, à s'obstiner dans un mauvais poste ou à abandonner une position de première importance. En pareille occurrence, il escompte comme avantage pour lui ce qui n'est qu'un calcul de l'ennemi. Parfois encore, il se découragera après un échec de peu d'importance. Il se verra poursuivi, sans s'y attendre, enveloppé, harcelé. Heureux s'il peut trouver son salut dans la fuite. C'est pourquoi un général doit connaître les théâtres de guerre aussi nettement que les coins et recoins des cours et jardins de sa propre maison.

J'ai dit précédemment que l'amour pour les hommes en général, que la justice et la manière de répartir les châtiments et les récompenses étaient les fondements sur lesquels devait être bâti tout système d'art militaire, mais je disais aussi qu'une exacte connaissance du terrain était ce qu'il y avait de plus essentiel parmi les matériaux à utiliser pour un édifice aussi important à la tranquillité et à la gloire de l'État. Ainsi, l'homme qui se destine à la dignité de général doit apporter tous ses soins et faire tous ses efforts pour se rendre habile dans cette branche de l'art militaire.

Avec la connaissance du terrain, un général peut se tirer d'affaire dans les circonstances les plus critiques ; il peut se procurer les renforts qui lui sont nécessaires comme empêcher l'arrivée de ceux que l'ennemi attend ; il peut avancer, reculer, faire tous les mouvements qu'il juge opportuns, disposer des marches de son adversaire et, à son gré, le faire avancer ou reculer ; il peut le harceler sans cesser d'être lui-même en sécurité, l'incommoder tout en se préservant de quelque dommage que ce soit, il peut, enfin, finir ou prolonger la campagne suivant ce qui lui paraîtra de plus expédient pour sa gloire ou son intérêt.

Comptez sur une certitude de victoire si vous connaissez tous les tours et détours, les tenants et aboutissants de tous les lieux que les deux armées peuvent occuper, proches ou lointains, parce que ainsi vous saurez la formation qu'il faut donner à vos troupes, s'il faut livrer bataille ou différer l'engagement. Si vous ne croyez pas devoir risquer la rencontre, ne combattez pas, même si vous avez reçu des ordres précis pour le faire. Si, au contraire, l'occasion paraît avantageuse, profitez-en, même si les ordres du Souverain étaient de ne pas le faire. Votre vie et votre réputation ne courent aucun risque et vous n'aurez commis aucun crime devant celui dont vous avez enfreint les ordres. Servir le Souverain, avantager l'État et faire le bonheur du peuple : voilà ce que vous devez avoir en vue. Remplissez cette mission, vous avez atteint le but.

Quel que soit le terrain, considérez vos troupes comme des enfants ignorants qui ne peuvent se déplacer sans être conduits. Comme vos propres enfants, vous les conduirez vous-même, parce que vous les aimez. S'il y a des hasards à affronter, que vos soldats ne les affrontent pas seuls, mais à votre suite ; s'ils doivent mourir, qu'ils meurent, mais périssez avec eux.

Je dis qu'il faut aimer vos soldats comme vos propres enfants. Il ne faut pourtant pas en faire des enfants gâtés et ils le deviendraient s'ils n'étaient pas corrigés quand ils le méritent et si, malgré vos attentions pour eux, ils se montrent insoumis ou peu empressés à répondre à vos désirs.

Quel que soit le terrain, si vous le connaissez bien et si vous avez discerné l'endroit le plus propice pour attaquer l'ennemi, mais si vous ne savez pas quelles dispositions ce dernier a prises, s'il est prêt à subir l'attaque et s'il a fait ses préparatifs pour cette éventualité, vous n'aurez qu'un demi-succès.

Quel que soit le terrain, l'eussiez-vous parfaitement reconnu, seriez-vous informé que les ennemis sont vulnérables et par quel côté, si vous n'avez pas des indices certains que vos propres troupes sont en état d'attaquer avec avantage, vous n'aurez qu'un demi-succès.

Si vous connaissez l'état des deux armées, si vous êtes assuré que vos troupes peuvent attaquer avec avantage, que celles de l'ennemi sont inférieures en force et en nombre, mais que vous n'êtes pas familiarisé avec les coins et recoins de tout le voisinage, vous vaincrez peut-être, mais vous n'aurez qu'un demi-succès.

Ceux qui sont véritablement habiles dans l'art militaire font toutes leurs marches sans risque, tous leurs mouvements sans désordre, toutes leurs attaques à coup sûr, toutes leurs défenses sans surprise, leur campement avec choix, leur retraite par système et avec méthode. Ils connaissent leurs propres forces, celles de l'ennemi, et ils sont instruits de tout ce qui concerne les lieux.

ARTICLE XI

DES NEUF SORTES DE TERRAINS [1]

Sun Tse dit : Il y a neuf sortes de lieux qui peuvent être à l'avantage ou au désavantage de l'une ou l'autre armée.

Ce sont :

1° des lieux de dispersion ;
2° des lieux légers ;
3° des lieux contestables ;
4° des lieux de réunion ;
5° des lieux pleins et unis ;
6° des lieux à plusieurs issues ;
7° des lieux graves et importants ;
8° des lieux gâtés [2] ;
9° des lieux de mort.

I - J'appelle *lieux de dispersion* ceux qui sont situés sur notre territoire à proximité des frontières. À s'y tenir trop longtemps rassemblées sans nécessité, au voisinage de leurs foyers, les troupes y ont plus d'envie de s'en retourner perpétuer leur race que de s'exposer à la mort. À la nouvelle de l'approche de l'ennemi ou de l'annonce d'une bataille, chacun s'attriste, se laisse tenter par la facilité de s'en retourner chez lui et l'exemple fâcheux peut être contagieux. Ainsi l'armée risque de se dissoudre, les chefs ne seront plus écoutés même par ceux de leurs soldats qui seront restés fidèles, si bien qu'au moment de se déterminer, le général ne saura quel parti prendre quand il verra toute son armée s'évanouir comme la nuée dispersée par le vent [3].

II - J'appelle *lieux légers* ceux qui sont situés près des frontières, mais sur le territoire ennemi. On ne peut s'y fixer, car le soldat y regarde trop souvent derrière lui et les facilités du retour lui font naître le désir de le tenter à la première occasion. Il faut de la fantaisie ou de l'inconscience pour se contenter de tels lieux.

III - Les *lieux contestables* sont ceux tels que chacune des deux armées peut y trouver son avantage, qui se prêtent, pour l'un comme pour l'autre, au stationnement, aux manœuvres pour s'opposer aux visées de l'ennemi. Ces sortes de lieux peuvent et doivent être disputés.

IV - Par *lieux de réunion*, j'entends ceux que nous ne pouvons manquer d'occuper et dans lesquels l'ennemi ne peut manquer de se rendre également ; ceux dans lesquels, en raison de leur distance des frontières, l'ennemi, comme nous, trouverait refuge en cas de malheur, ou l'occasion d'accentuer les avantages acquis en cas de succès [4].

V - Les lieux que j'appelle simplement *pleins et unis* sont ceux qui, par leur configuration et leurs dimensions, permettent leur utilisation par les deux armées, mais qui, pour d'autres raisons, ne doivent pas inciter à livrer bataille, sauf en cas de nécessité ou de contrainte de l'ennemi.

VI - Les *lieux à plusieurs issues* sont ceux qui permettent aisément l'arrivée des renforts ou qui se prêtent à l'aide qu'un État voisin peut, le cas échéant, apporter à l'un des deux partis.

VII - Les lieux que je nomme *graves et importants* sont ceux qui, placés dans les États ennemis, présentent de tous côtés des villes fortifiées, des montagnes, des défilés, des lignes d'eau ou des campagnes arides.

VIII - Les lieux où les espaces libres sont rares, où les colonnes, dans leur marche, sont isolées les unes des autres, où les eaux courantes et stagnantes compartimentent le terrain, exigent de constantes précautions et créent de perpétuels embarras, entraînant la fragmentation des troupes, sont ceux que j'appelle *gâtés*.

IX - Enfin, par *lieux de mort*, j'entends ceux où, quelque précaution qu'on prenne, on est toujours en danger, où en cas de combat, on risque d'être vaincu et si l'on est inactif, c'est la faim, la maladie ou la misère qui vous guettent, en un mot des lieux où l'on ne peut rester et d'où on a peine à sortir.

Apprenez à connaître ces neuf sortes de lieux pour vous en défier ou pour en tirer parti. Lorsque vous serez dans des *lieux de dispersion*, tenez vos troupes rassemblées, mais ne livrez pas bataille, quelque favorables que les circonstances peuvent vous paraître. Vous risquez de provoquer trop de lâchetés et de voir les arrières se couvrir de fuyards.

Ne stationnez pas dans les *lieux légers*. Votre armée ne s'est encore emparée d'aucune ville, d'aucune forteresse, ni d'aucune position adverse. Derrière elle, aucune digue ne paraissant devoir l'arrêter et, devant elle, les difficultés et les dangers s'offrant à sa vue, craignez qu'elle soit tentée de préférer ce qui lui paraît le plus aisé à ce qui lui semble le plus difficile.

Si vous avez reconnu un de ces lieux que j'ai appelés *contestables*, commencez par vous en emparer. Ne laissez pas l'initiative à l'ennemi et faites tous vos efforts pour vous en assurer la possession, mais ne tentez pas d'en chasser l'ennemi de haute lutte s'il les occupe avant vous. Usez plutôt de finesse et, à votre tour, ne vous en laissez pas déloger quand vous les tenez.

Il faut vous efforcer également d'occuper les lieux de *réunion* avant l'ennemi. Assurez bien la liberté de vos communications : que vos chevaux, vos chariots et vos bagages puissent y arriver et en repartir sans risque. Ménagez-vous de bons rapports avec les populations avoisinantes et assurez-vous de leur bonne volonté, en la demandant, en l'achetant à quelque prix que ce soit, tant elle vous est indispensable, car ce n'est que par ce moyen que vous pourrez être pourvu de tout ce qui vous est nécessaire. Tout ce qui abondera de votre côté fera défaut à l'ennemi.

Dans les *lieux pleins et unis*, étendez-vous à l'aise, protégez-vous par des retranchements contre une surprise et attendez que le temps et les circonstances vous offrent une occasion d'agir.

Si vous êtes à portée de ces *lieux à plusieurs issues*, commencez par bien reconnaître les voies d'accès, tenez toutes les issues, n'en négligez aucune, quelque peu importante qu'elle vous paraisse, et gardez-les toutes soigneusement.

Si vous vous trouvez dans les lieux *graves et importants*, soyez maître de tout ce qui vous environne immédiatement, marchez rassemblés en ne laissant aucun détachement derrière vous qui puisse être emporté. Sans ces précautions, vous risquez de voir enlever les approvisionnements nécessaires à l'entretien de l'armée ou d'être surpris par des attaques convergentes au moment où vous vous y attendez le moins.

Si vous êtes dans des lieux *gâtés*, n'allez pas plus avant, retournez sur vos pas le plus vite possible.

Dans les *lieux de mort*, il ne peut y avoir d'hésitation : allez droit à l'ennemi pour combattre. Le plus tôt est le meilleur.

Telle est la conduite que tenaient nos anciens guerriers. Ces hommes habiles et experts avaient pour principe qu'il n'y avait pas de manière invariable pour attaquer ou pour se défendre, que tout dépendait du terrain sur lequel on se trouvait. Ils disaient aussi que la tête et la queue d'une armée ne devaient pas être commandées de la même façon [5], que l'accord était de faible durée entre la multitude et le petit nombre, que forts et faibles ne restaient pas longtemps unis, que ceux qui sont en haut et ceux qui sont en bas n'ont pas égale utilité, qu'il est aisé de diviser des troupes unies, mais difficile de rassembler celles qui ont été divisées. Sans cesse, ils répétaient qu'une armée ne doit se mettre en mouvement que si elle est assurée d'y trouver un avantage réel et que, lorsqu'il n'y a rien à gagner, le mieux est de se tenir tranquille.

En résumé, que votre conduite se règle sur les circonstances. Vous attaquerez ou vous vous défendrez suivant que vous ferez la guerre chez vous ou chez l'ennemi.

Si la guerre a pour théâtre votre propre pays et si l'ennemi fait irruption avec toutes ses forces avant que soient achevés vos préparatifs, rassemblez promptement vos troupes, demandez secours aux voisins, emparez-vous des lieux que l'ennemi convoite, mettez-les en état de défense, ne serait-ce que pour gagner du temps, ralentissez la marche de l'ennemi en harcelant ses convois, barrez les chemins de telle sorte que, partout, il trouve des embuscades et soit obligé de combattre pour avancer. Les paysans peuvent vous être d'une grande utilité et vous servir mieux que vos propres troupes. Faites-leur comprendre qu'ils doivent empêcher que l'ennemi s'empare de leurs biens et leur enlève leurs pères, leurs mères, leurs femmes et leurs enfants. Ne vous tenez pas exclusivement sur la défensive, lancez des partisans sur les arrières de l'ennemi, fatiguez-le par d'incessantes attaques, tantôt d'un côté et tantôt de l'autre. Qu'il se repente de sa témérité et soit contraint de retourner sur ses pas, n'emportant pour tout butin que la honte de n'avoir pas réussi.

Si vous faites la guerre en territoire ennemi, évitez les détachements ou, mieux encore, ne divisez jamais vos troupes. Toujours, elles doivent être réunies et en état de se prêter un mutuel appui. Faites-les cantonner dans des lieux fertiles et salubres pour qu'elles ne souffrent pas de la faim, de la misère et de la maladie qui feraient bientôt parmi elles plus de ravages que le fer de l'ennemi en plusieurs années. Recherchez le concours pacifique des populations et n'usez de la force que si tous les autres moyens ont échoué. Faites appel à l'intérêt. Les troupes étant rassemblées, toutes choses par ailleurs étant égales, est plus fort de moitié celui qui combat chez lui. Ce principe est à retenir, si vous combattez en territoire ennemi, assez loin de votre frontière. Dans ce cas, opérez bien réunis, dans le plus grand secret pour que vos projets ne se révèlent qu'au moment de l'exécution.

S'il vous arrive de ne savoir où aller, ni quelle détermination prendre, restez dans l'expectative en vous gardant de rien précipiter. Tenez-vous ferme là où vous êtes et attendez du temps et des circonstances une occasion favorable. Si vous vous êtes engagé mal à propos, n'ordonnez pas de rompre hâtivement le combat : une telle fuite risquerait de tourner au désastre. Une bonne contenance peut contribuer à raffermir vos troupes, lesquelles, ignorant le péril auquel elles sont exposées et accoutumées à ignorer vos plans, combattront avec autant d'ardeur et de vaillance que s'il s'agissait d'une bataille voulue par vous. Si, en pareille occurrence, vous triomphez de l'ennemi, votre réputation d'invincibilité parmi vos soldats et la confiance de ceux-ci dans vos talents s'accroîtront dans la proportion même du risque que vous avez couru.

Quelque critique que soit votre situation, ne désespérez jamais. Quand tout est à craindre, il ne faut avoir peur de rien ; environné de dangers, n'en redoutez aucun ; dépourvu de ressources, tablez sur toutes et surpris par l'ennemi, pensez aussitôt à le surprendre lui-même. Entraînez vos troupes à être prêtes, sans préparatifs, à saisir les avantages là où elles n'en cherchaient pas, à improviser les dispositions à prendre sans attendre vos ordres, à s'imposer elles-mêmes les règles qui garantissent la discipline.

Ne laissez pas se propager les faux bruits, coupez racine aux plaintes et aux murmures et, si quelque phénomène de la nature risque d'étonner vos soldats, ordonnez aux astrologues et aux devins de prédire le succès. Aimez vos troupes et procurez-leur tout ce qui peut alléger leur tâche. Si elles supportent de rudes fatigues, ce n'est pas qu'elles y prennent plaisir ; si elles endurent les privations, ce n'est pas qu'elles méprisent le bien-être, et si elles affrontent la mort, ce n'est pas qu'elle dédaignent la vie : réfléchissez sérieusement à cela.

Il arrive parfois que les troupes donnent des signes non équivoques d'affaissement, de tristesse et d'abattement. Réagissez avec promptitude en améliorant la nourriture, en organisant des fêtes et des parades, variez sans cesse l'emploi du temps, changez l'emplacement des camps et faites exécuter des travaux pénibles et astreignants. Imitez la conduite tenue par *Tchouan-Tchou* et *Tsao Kuei*[6] et vous changerez le cœur de vos soldats. L'accoutumance au travail les endurcira. Si les quadrupèdes périssent à être trop chargés alors que les oiseaux exigent d'être forcés pour être bien entraînés, les hommes demandent le juste milieu dans l'appréciation des efforts qui peuvent leur être demandés.

Pour être invincible, votre armée doit ressembler au *Shuai-jan*, ce gros serpent des montagnes du Tchang-chan [7]. Frappé à la tête, la queue va au secours de celle-ci et, si on menace la queue, c'est la tête qui vient la protéger ; menacé dans la partie centrale de son corps, tête et queue se réunissent aussitôt pour la parade. Cela est-il possible pour une armée ? Je réponds : cela se peut, cela se doit et il le faut.

Un certain nombre de soldats du royaume de *Wu* se trouvèrent un jour opposés à des soldats du royaume de *Yuëh*, au moment où, simultanément, ils tentaient de franchir une rivière. Le vent renversa les barques et les hommes jetés dans le courant auraient infailliblement péri si, oubliant qu'ils étaient ennemis, ils ne s'étaient mutuellement secourus. Ce qu'alors firent ceux qui étaient ennemis, toutes les parties de votre armée doivent le faire et vous devez aussi le faire pour vos alliés et même pour les peuples vaincus, s'ils en ont besoin car, s'ils vous sont soumis, c'est qu'ils n'ont pu faire autrement et ils ne peuvent être rendus responsables si leur Souverain a déclaré la guerre. Rendez-leur service car le temps viendra où ils vous en rendront aussi.

Prenez garde, en quelque pays que vous soyez, si des étrangers se rangent parmi vos troupes de les laisser figurer en majorité dans une unité, de même que vous avez soin, si vous attachez des chevaux à un piquet, de ne pas grouper plus d'indomptés que de dressés afin de ne pas créer de désordre.

S'il arrive que votre armée soit inférieure en nombre à celle de l'ennemi, une conduite habile peut néanmoins vous donner le succès. Une position avantageuse sans la résolution d'en tirer profit, la bravoure sans la prudence, la valeur sans la ruse : tout cela ne sert à rien, mais un bon général sait faire profit de tout parce qu'il observe le secret des opérations, conserve son sang-froid et, tout en commandant avec droiture, trompe les oreilles et fascine les yeux de ses soldats de telle sorte que ceux-ci ne sachent jamais ce qu'ils ont à entreprendre. Les circonstances viennent-elles à changer, le général modifie sa conduite ; le plan adopté présente-t-il des inconvénients ? le général le corrige quand et comme il veut. Si ses troupes ignorent ses projets, comment l'ennemi pourrait-il les pénétrer ?

Un général habile sait, d'avance, ce qu'il doit faire, mais tout autre que lui doit l'ignorer absolument. Telle était la pratique des anciens guerriers. Voulaient-ils prendre une ville d'assaut ? Ils n'en parlaient qu'arrivés auprès des murailles. Ils y montaient les premiers et tous les autres suivaient. Logés sur le parapet, ils faisaient rompre les échelles. Avancés sur les terres alliées, ils redoublaient de prudence et de mystère. Leur armée était comme un troupeau que le berger conduit où bon lui semble sans protestation et sans résistance.

La science principale du général consiste dans la connaissance des neuf sortes de terrains afin d'exécuter à propos les neuf changements, déployer ou rassembler ses troupes suivant les lieux ou circonstances, cacher ses intentions et découvrir celles de l'ennemi, être bien convaincu que les troupes sont très unies lorsqu'elles pénètrent fort avant en territoire ennemi, mais qu'elles se dispersent facilement quand on les tient près des frontières. La victoire est à moitié acquise quand on tient les débouchés par lesquels on accède aussi bien à l'endroit qu'on doit occuper qu'aux abords de la position adverse. C'est un commencement de succès que d'avoir pu camper dans un terrain vaste et ouvert, mais c'est déjà presque avoir vaincu que de s'être emparé, dans les positions ennemies, des postes avancés qui couvrent les côtés et d'avoir gagné l'affection de ceux que les troupes veulent vaincre ou qu'elles ont vaincus.

Lorsque je commandais les armées, l'expérience et la réflexion m'ont engagé à condenser tout ce que je viens de vous rappeler. Dans les lieux de dispersion, je m'efforçais d'uniformiser les sentiments et de consolider l'union. Dans les lieux légers, je tenais mes gens rassemblés et je les occupais ; en lieux contestables, je tentais d'être le premier occupant et, si l'ennemi m'avait devancé, j'usais d'artifices pour l'en déloger ; dans les lieux de réunion, j'observais avec attention et j'attendais l'ennemi. Je m'étendais à l'aise et je mettais l'ennemi à l'étroit dans les lieux pleins et unis. Dans les lieux à plusieurs issues, s'il ne m'était pas possible de les occuper toutes, je me tenais sur mes garde en surveillant de près l'ennemi ; dans les lieux graves et importants, je soignais la subsistance des troupes ; dans les lieux gâtés et abîmés, je tâchais de sortir d'embarras en multipliant les détours et en comblant les vides laissés entre les troupes ; enfin, dans les lieux de mort, l'ennemi ne tardait pas à se rendre compte de mes résolutions désespérées. Jamais les troupes disciplinées ne se laissent envelopper ; elles affrontent sans crainte le danger, se défendent opiniâtrement et poursuivent sans se débander. C'est de votre faute si elles ne se comportent pas ainsi et alors, vous êtes indigne d'être leur chef. Vous ne méritez pas non plus de commander si, ne connaissant pas la force de l'ennemi, son for' et son faible, vous n'avez pas fait vos préparatifs en conséquence. Indigne, vous serez encore si, faute de connaître la topographie des lieux, vous ne pouvez donner les ordres convenables. Si vous ignorez les chemins et êtes dépourvus de guides sûrs, vous n'atteindrez pas le but fixé et vous serez la dupe de l'ennemi. Si vous ne savez pas combiner quatre et cinq, vos troupes ne pourront rivaliser avec celles des *Pa* ou des *Ouang*[8].

Lorsque *Pa* et *Ouang* faisaient la guerre contre quelque autre prince, ils mettaient en commun leurs forces et tâchaient de troubler l'Univers[9] pour trouver des alliés, qu'ils achetaient au besoin. Sans laisser à l'ennemi le temps de se reconnaître et d'avoir recours à ses voisins, ils l'attaquaient avant qu'il fût en état de défense. Quelque grands avantages qu'ils se fussent procurés, ville ou province, ils tenaient leurs troupes en haleine, récompensant ou punissant ceux qui le méritaient et édictaient, pour administrer, les lois qu'exigeaient le pays ou les circonstances.

Pour réussir, telle est la conduite à imiter. Que votre armée soit comme un seul homme à conduire. Ne motivez pas vos raisons d'agir, mais faites connaître exactement vos avantages. Cachez vos pertes, agissez en secret et percez les démarches adverses. Prenez des mesures efficaces pour faire tuer le général ennemi [10], ne divisez jamais vos forces ; qu'aucun danger n'abatte votre courage ; soyez victorieux ou mourez glorieusement.

Dès que, après votre entrée en campagne, votre armée aura franchi les frontières, interdisez toute circulation d'émissaires, tout envoi ou réception de nouvelles et rompez la partie du sceau qui est entre vos mains [11] ; fixez l'assemblée de votre Conseil dans le lieu où vous honorez vos ancêtres [12] et là, en présence de vos subordonnés, proclamez que vous ne ferez rien dont la honte puisse rejaillir sur vos ascendants. Après cela, allez à l'ennemi et si celui-ci a laissé une seule issue, précipitez-vous-y résolument.

Quand la campagne n'est pas commencée, soyez comme une jeune fille dans sa maison. Quand la campagne est entamée, ayez du lièvre la promptitude et l'ennemi ne pourra tenir devant vous.

ARTICLE XII

DE L'EMPLOI DU FEU À LA GUERRE

Sun Tse dit : Les différentes manières d'employer le feu à la guerre se réduisent à cinq :

1° brûler les soldats dans leur camp ;
2° mettre le feu aux provisions ;
3° incendier les bagages et les trains ;
4° livrer aux flammes les arsenaux* et magasins ;
5° lancer des traits enflammés contre les animaux, les armes et les étendards.

De telles entreprises exigent : la reconnaissance de la position exacte de l'objectif, des itinéraires par où l'ennemi peut s'échapper ou recevoir du secours, l'approvisionnement à pied d'œuvre de tous les ingrédients nécessaires et un temps et des circonstances favorables. En tout état de cause, agir avec promptitude.

Les matières combustibles étant réunies, avant d'y mettre le feu, pensez à la fumée car il y a une saison pour mettre le feu et un jour pour le faire éclater. Ne confondez pas ces deux choses. La saison de mettre le feu, c'est l'époque où tout est tranquille sous le ciel et où la sérénité paraît devoir se prolonger. Le jour où l'incendie doit être déclenché est celui où la lune se trouve sous une des quatre constellations Ki-Pi-Y-Tchen [1]. Il est rare que le vent ne souffle pas alors et souvent avec force.

À chacune des cinq manières d'attaquer par le feu correspond une conduite à tenir :

1° Si le feu ayant été jeté dans le camp ennemi tout y paraît tranquille, restez vous-même tranquille. Attaquer

* C'est entrepôts, qu'il faut lire.

imprudemment, c'est chercher à se faire battre. Le feu ayant été mis, couve pendant quelque temps et ses effets en seront d'autant plus funestes. Quand les étincelles jailliront, attaquez résolument ceux qui ne chercheront qu'à se sauver.

2° Si, peu après la mise de feu, les tourbillons s'élèvent, ne laissez pas à l'ennemi le temps d'éteindre l'incendie ; alimentez le feu et partez à l'attaque.

3° S'il ne vous est pas possible de pénétrer à l'intérieur pour y mettre le feu et que vous ne pouvez opérer que du dehors, allumez le foyer du côté où souffle le vent, attaquez aussi par ce côté et non en vous plaçant sous le vent.

4° Si le vent a soufflé tout le jour sans discontinuer, il est certain qu'au cours de la nuit, il se produira une accalmie : préparez-vous à en profiter.

5° Un général qui sait se servir du feu avec à-propos est un chef habile. S'il sait se servir de l'eau aux mêmes fins, il est réputé excellent. Cependant l'eau ne doit être employée qu'avec discrétion comme, par exemple, pour gâter les chemins par lesquels l'ennemi peut s'échapper ou recevoir du secours [2].

La victoire est l'habituel couronnement des attaques par le feu. Il faut donc être préparé à en recueillir les fruits. Le mérite de ceux qui ont couru tous les risques pour assurer la réussite de l'entreprise n'en est que plus grand et doit être récompensé en proportion de leur participation. Les hommes se conduisent ordinairement par l'intérêt, et si vos troupes ne trouvent dans le service que peines et risques, vous ne les emploierez pas deux fois avec avantage.

En règle générale, faire la guerre n'est pas le bon. Seule la nécessité doit la faire entreprendre. Quelles que soient leur issue et leur nature, les combats sont funestes aux vainqueurs eux-mêmes. Il ne faut les livrer que si la guerre ne peut être autrement menée.

Si le Souverain est animé par la colère ou la vengeance, qu'il ne déclare pas la guerre et ne lève pas de troupes. Si le général est dans les mêmes sentiments, qu'il diffère de livrer combat. Pour l'un et l'autre, ce sont des moments troubles. Qu'ils attendent les jours de sérénité pour se déterminer et entreprendre.

S'il y a quelque profit à espérer de votre offensive, mettez toute votre armée en mouvement, mais si vous ne prévoyez aucun avantage, tenez-vous tranquille. Si vous êtes irrité, si vous avez été insulté, attendez pour prendre parti que la bonne humeur ait succédé à la colère et qu'une satisfaction efface les effets d'une vexation. N'oubliez jamais que votre dessein, en faisant la guerre, doit être de procurer la paix à l'État et non d'y apporter la désolation. Vous avez à défendre les intérêts généraux du Pays et non pas vos intérêts personnels. Vos vertus et vos vices, vos qualités et vos défauts rejaillissent sur ceux que vous représentez. Vos moindres fautes sont toujours de conséquence ; les grandes sont souvent irréparables et toujours funestes. Quand un royaume a été ruiné, il est impossible de lui rendre son ancienne prospérité, de même qu'on ne ressuscite pas les morts.

De même qu'un Prince éclairé et vigilant met tous ses soins à bien gouverner, ainsi un général habile ne néglige rien pour former de bonnes troupes destinées à garantir la paix et le bonheur de l'État.

ARTICLE XIII

DES DISSENSIONS ET DE LEUR EXPLOITATION [1]

Sun Tse dit : Quand est réunie une armée de cent mille hommes et qu'il faut la conduire à mille li, ne doutez pas que cela ne s'effectuera pas sans que le bruit s'en répande, au-dedans comme au-dehors. Les villes et les villages où sont opérées les levées d'hommes, les campagnes d'où sont tirés les provisions et les charrois, les chemins où se manifeste une intense circulation offrent un spectacle qui fait présumer la désolation dans les familles, l'abandon des terres à cultiver et de lourds impôts pour couvrir les dépenses du royaume.

Sept cent mille familles désunies de leur chef ou de leur soutien sont subitement hors d'état de vaquer à leurs occupations coutumières [2]. Les terres, privées de la main-d'œuvre nécessaire, voient leur rendement diminuer en qualité comme en quantité. Pour payer, entretenir et nourrir la troupe, les greniers comme le trésor du prince et des particuliers se vident et sont menacés d'épuisement.

Employer plusieurs années à observer l'ennemi ou à faire la guerre, c'est ne pas aimer le peuple, c'est être l'ennemi de son pays. Toutes les dépenses, toutes les souffrances, tous les travaux et toutes les fatigues de plusieurs années n'aboutissent, le plus souvent, pour les vainqueurs eux-mêmes qu'à une journée de triomphe, celle où ils ont vaincu. N'employer pour vaincre que sièges et batailles, c'est ignorer également les devoirs du Souverain et ceux du général ; c'est ne pas savoir gouverner ; c'est ne pas savoir servir l'État ; c'est ne pas savoir combattre.

Aussi, lorsque la guerre est résolue, que les troupes étant formées sont sur le point d'entreprendre, ne dédaignez pas d'employer la ruse. Informez-vous d'abord de tout ce qui concerne les ennemis, les rapports qui existent entre eux, leurs relations et leurs intérêts réciproques. À cet effet, n'épargnez pas l'argent. N'ayez pas plus de regret pour celui que vous ferez passer à l'étranger, soit pour créer des connivences, soit pour vous faire parvenir d'exactes informations, que pour celui que vous emploierez à solder vos troupes. Plus vous dépenserez, plus vous gagnerez. Vous faites un placement à gros intérêt.

Ayez des espions partout pour être instruit de tout. Ne négligez rien qui doive être su, mais ce que vous aurez appris, gardez-le pour vous. Quand il s'agira d'appliquer quelque ruse, comptez plus sur les dispositions que vous aurez prises pour la faire réussir que sur le secours des Esprits que vous aurez invoqués[3].

Quand un habile général prend l'offensive, l'ennemi est déjà vaincu. Quand il livre bataille, à lui seul, il doit faire plus que toute son armée ensemble, non par la force de son bras, mais par son intelligence et surtout par ses ruses. Il faut qu'au premier signal, une partie de l'armée ennemie passe de son côté. À tout instant, il doit être le maître d'accorder la paix et de la conclure aux conditions qu'il lui plaira. Le grand secret pour cela consiste dans l'art de semer la division à propos : division dans les villes et les villages, division extérieure, division interne, division de mort et division de vie[4]. Ces cinq espèces de dissensions ne sont que les branches d'un même tronc. Celui qui sait s'en servir est un homme véritablement digne de commander : c'est le trésor de son Souverain et le soutien de l'Empire.

J'appelle division dans les villes et les villages, ou simplement division au-dehors celle par laquelle on trouve le moyen de détacher du parti ennemi les habitants qui sont sous la domination de ce dernier et de se les attacher de manière à pouvoir s'en servir au besoin. J'appelle division externe celle par laquelle on utilise à son profit les officiers qui servent actuellement dans l'armée ennemie. Par division interne, j'entends celle qui met à profit la mésintelligence qui peut exister entre alliés, entre les différents corps ou entre les officiers de divers grades. La division de mort est celle par laquelle nous tentons, par des bruits tendancieux, de jeter le discrédit ou la suspicion jusqu'à la cour du Souverain ennemi sur les généraux qu'il emploie. La division de vie est celle par laquelle on récompense avec largesse tous ceux qui ont quitté le service de leur maître légitime, sont passés de votre côté soit pour combattre avec vous, soit pour vous rendre d'autres services non moins essentiels.

Par les intelligences que vous vous serez ménagées dans les villes et villages, vous ne tarderez pas à accroître le nombre de vos partisans, vous connaîtrez les sentiments des habitants à votre égard et ils vous suggéreront les moyens les plus efficaces à employer pour rallier ceux de leurs compatriotes qui ont le plus d'influence, en sorte que, lorsque le temps de faire le siège sera venu, vous pourrez vous emparer de la place sans monter à l'assaut, sans coup férir et sans même tirer l'épée.

Si vos ennemis emploient des officiers qui ne soient pas d'accord entre eux et que divisent des intérêts personnels, des soupçons réciproques, des jalousies mutuelles, il vous sera facile d'en détacher quelques-uns, car il est à présumer qu'en dépit de leur loyalisme envers le souverain, le désir de la vengeance, l'appât du gain ou l'envie des postes éminents que vous leur promettez suffiront amplement pour les attirer et, une fois que ces passions seront déchaînées, il n'est rien qu'ils ne tenteront pour les satisfaire.

La mésintelligence est facile à entretenir entre les différentes unités qui composent l'armée, si elles se méfient les unes des autres, cherchent à se nuire ou se méprisent entre elles. Il vous suffira de les opposer pour qu'elles s'entre-détruisent sans qu'elles aient ouvertement à prendre votre parti et qu'elles servent vos intérêts sans même le savoir.

En répandant des bruits, tant pour faire connaître ce que vous voulez qu'on croie de vous sur les prétendues démarches entreprises par les généraux ennemis, en faisant parvenir ces nouvelles tendancieuses jusque dans les conseils du prince que vous combattez, en faisant planer le doute sur les intentions de ceux dont la fidélité est pourtant de notoriété publique, vous ne tarderez pas à constater que chez l'ennemi les soupçons remplacent la confiance, qu'on y récompense ce qui devait être châtié et qu'on punit ce qui méritait la récompense ; que les plus légers indices tiennent lieu de preuves convaincantes pour faire périr ceux qui sont soupçonnés. Dès lors, chez les meilleurs, le zèle se refroidit, le dégoût grandit si bien que, désespérant de se justifier, ils se réfugieront chez vous pour se délivrer des craintes qui les menacent et pour préserver leur existence. Leurs parents, leurs amis seront, à leur tour, accusés, poursuivis, châtiés. Partout des complots se noueront, des vindictes s'exerceront, des désordres et des révoltes éclateront. Il vous restera bien peu à faire pour vous rendre maître d'un pays où une partie de la population souhaite déjà votre arrivée.

Le succès d'une telle entreprise est d'autant mieux assuré que vous aurez récompensé ceux qui se seront ainsi donnés à vous, que vous aurez répandu l'argent à pleines mains, que vous aurez tenu vos troupes dans une exacte discipline pour qu'ils n'endommagent pas les biens de ceux que vous voulez attirer et que vous aurez réservé à tous le meilleur accueil.

Mais, tout en montrant à l'extérieur beaucoup de simplicité, de sécurité et même d'indifférence, soyez vigilant et éclairé. Tenez-vous sur vos gardes, défiez-vous de tout, soyez très réservé. Ayez des espions partout et convenez avec eux de signaux. Voyez par la bouche, parlez par les yeux. Ce n'est pas aisé ; c'est même très difficile et tel est trompé qui croyait tromper les autres. Seul un homme d'une prudence consommée, très renseigné, profondément sage, peut employer avec à-propos et succès l'art des dissensions. Renoncez-y si vous n'avez pas les qualités exigées, car l'usage que vous en feriez tournerait à votre détriment.

Un projet ayant été formé par vous, si vous apprenez que le secret en a transpiré, faites impitoyablement périr, tant ceux qui l'auront divulgué que ceux à la connaissance desquels il sera parvenu. À la vérité, ces derniers ne sont pas coupables, mais ils pourront le devenir et leur mort sauvera la vie à quelques milliers d'hommes et sera d'un salutaire exemple.

Ainsi punissez sévèrement et récompensez avec largesse. Multipliez vos espions, ayez-en sous la tente des généraux ennemis, dans les conseils des ministres, dans le propre palais du souverain ennemi. Connaissez le nom, la famille, les relations, les domestiques de vos principaux adversaires et n'ignorez rien de ce qui se passe chez eux.

Mais vous devez également supposer que l'ennemi a aussi ses espions. Si vous les découvrez, gardez-vous de les faire périr. Leurs jours doivent vous être infiniment précieux. Ils serviront, sans qu'ils s'en doutent, à transmettre à l'ennemi des informations tirées des démarches calculées, des propos insidieux que vous aurez laissé porter à leur connaissance.

J'ai dit qu'un bon général devait tirer parti de tout et n'être surpris de rien, quoi qu'il puisse arriver. Mais par-dessus tout et de préférence à tout, il doit mettre en pratique les cinq sortes de divisions. Rien n'est impossible à qui sait s'en servir. Défendre le territoire de son souverain, l'agrandir, exterminer les ennemis, ruiner ou fonder de nouvelles dynasties, tout cela ne peut être que l'effet des dissensions employées à propos.

Le grand Y-In ne vivait-il pas du temps des Sia ? C'est par lui cependant que s'établit la dynastie des Inn. Le célèbre Lu-Ya n'était-il pas sujet de Y-In, lorsque, par son entremise, la dynastie Tcheou monta sur le trône ? Quel est celui de nos livres qui ne fasse l'éloge de ces deux grands hommes ? L'histoire les a-t-elle jamais considérés comme traîtres à leur patrie ou rebelles à leur souverain ? Loin de là, elle en parle avec un grand respect et elle en a fait des héros [5].

Voilà tout ce qu'on peut dire en substance sur la manière d'employer les dissensions et c'est par là que je finis mes réflexions sur l'art des guerriers.

NOTES DE L. NACHIN (1948)

ARTICLE I

1. La doctrine à laquelle Sun Tse fait allusion, c'est l'objet de la « grande étude » exposée par Khong Fou Tse (Confucius). C'est essentiellement une discipline d'esprit fondée sur l'observation et l'expérimentation. Étudier, c'est être attentif et pouvoir reproduire, mais il faut aussi réfléchir en s'astreignant à toujours confronter les images aux faits. Ce sont, en somme, deux millénaires avant Descartes, les principes de la méthode scientifique que Khong Tse applique non seulement au perfectionnement des qualités humaines, mais aussi au gouvernement des peuples auquel il fixe pour but l'amélioration générale des conditions de vie, le bien-être et l'accroissement de la production, dans l'ordre et la stabilité.

Constitue également la doctrine dont étaient pénétrés les Chinois de l'époque Tcheou, l'enseignement de Lao Tse qui vient dans le même temps. Plus mystique que Khong Tse, Lao Tse ne confère aux objets matériels que l'apparence, l'image qu'en donnent les sens imparfaits. Nous sommes prisonniers de notre destinée et c'est pure vanité que vouloir triompher des obstacles qui s'accumulent sous nos pas. Seule la pensée est libre, car on ne peut rien contre elle. C'est ce qui confère un si haut prix à la vie spirituelle et c'est la pratique de cette vie qui détache des bien matériels, ne laisse aux discours et aux faits qu'une importance secondaire, donne un juste équilibre au moral, enseigne la patience dans les épreuves et l'indifférence devant la mort.

2. Le Ciel, comme la Terre, traduisent dans nos langues des idéogrammes dont le sens est beaucoup plus étendu que celui que nous leur attribuons. Le Ciel englobe ici tous les phénomènes naturels qui ont l'atmosphère pour théâtre. Ces phénomènes résultent de la conjonction ou de l'opposition des deux principes Yin et Yang, l'un de nature spirituelle, l'autre matérielle. L'étude du Ciel comporte donc l'astronomie, la météorologie, la climatologie.

3. Par étude de la Terre, il faut entendre la connaissance de la géographie, de la topographie, de l'hydrographie et des phénomènes qui font l'objet de la géographie physique.

4. Sous la dynastie Tcheou, la Chine n'était pas unifiée. Si quelque puissant autocrate réussissait, pour un instant, à souder ensemble diverses principautés, celles-ci ne tardaient pas, sitôt la disparition du souverain, à se fragmenter. C'est ainsi qu'à l'époque de Sun Tse, dans la seule région du Chan-Si (nord du fleuve Jaune), existaient les États de Han, Oe,

Tchao, par désagrégation du royaume de Tsin. Le Chan-Si, le Ho-nan, le Chang-Toung actuels groupaient à leur tour d'autres principautés. Ces États se liguaient entre eux pour assaillir une principauté. En outre, aux confins de l'Empire, des forces militaires permanentes étaient indispensables pour contenir les hordes barbares (Mandchous, Huns, Tibétains) toujours prêtes à de fructueuses razzias chaque fois que déclinait en Chine l'autorité centrale.

5. Il s'agit des peuples chinois, divisés par un système qui rappelle celui de l'Europe féodale. Les armées se recrutent autant dans la principauté que parmi les déserteurs des armées rivales. Les généraux, comme les administrateurs, offrent leurs services au Prince qui fait cas de leurs talents ou agrée les plans qu'ils lui soumettent.

ARTICLE II

1. Le li est une mesure itinéraire qui vaut environ 576 mètres. Une ligne de communication de 500 à 600 kilomètres, telle que l'envisage Sun Tse pour une opération normale, montre l'habitude des généraux chinois de poursuivre des opérations de grande envergure auprès desquelles nos guerres européennes semblent des guérillas.

2. Mille onces représentent environ 30,500 kilos d'argent.

3. Jusqu'en 400 av. J.-C., l'impôt s'acquittait en nature d'après le système *tsing* (puits). Chaque famille avait ses terres de superficie variable suivant le nombre des enfants, divisées en neuf carrés égaux ; le produit du carré central était destiné à l'État. À cette époque furent substitués des impôts sur les grains.

4. Le tchoung est une ancienne mesure de capacité qui contenait environ 8,33 hectolitres.

5. Le che est une mesure de poids correspondant à environ 56 kilos.

6. Les chariots de guerre étaient peints et portaient gravés certains caractères. Mais l'insigne distinctif consistait essentiellement dans le fanion *Tou*, étendard carré orné de figures et qu'arboraient des groupes de cinq ou dix chars.

7. Les prisonniers ennemis auxquels il est fait allusion étaient des Chinois qui parlaient la même langue, maniaient les mêmes armes et combattaient suivant les mêmes règles. Leur assimilation par le vainqueur ne présentait aucune difficulté. En règle générale, déjà à cette époque, les Chinois sont essentiellement des agriculteurs fixés au sol, alors que les non-Chinois qui les environnent sont des pasteurs ou des chasseurs nomades.

8. Le mot « Seigneur », qui vient du latin *senior* : le plus âgé, n'a pas la même signification en chinois. Il s'exprime par *tsiunn*, dont l'idéogramme représente une main gauche au-dessus de la bouche : *celui qui ordonne avec un porte-voix.* C'est donc un chef qui commande et qui a pour mission de protéger le cheptel humain pour assurer le revenu de la dîme et le plus souvent davantage.

ARTICLE III

1. La doctrine de guerre de Sun Tse ne voit dans la bataille qu'un incident auquel il faut être préparé, un procédé de lutte qui n'est pas supérieur aux autres, un moyen d'obtenir la décision mais qui n'est pas exclusif. Il condamne cette furie aveugle qui pousse les armées dans une mêlée hâtive et irréfléchie, et qui fait dépendre le salut de l'État du hasard des combats improvisés. Sa longue expérience et sa sereine philosophie lui font considérer que le but suprême de la guerre n'est pas de remporter de coûteuses victoires, mais de préparer le rétablissement de la paix en contraignant l'adversaire à accepter les conditions d'un arrangement ; poursuivre l'anéantissement de l'ennemi, c'est donc aller à l'encontre du but de la guerre puisqu'on s'expose à ne plus trouver en face de soi un État organisé pour accepter la soumission et souscrire de nouveaux engagements. Continuer la lutte lorsqu'on est victorieux, c'est aussi bien diminuer ses propres forces qu'affaiblir le gage exigé du vaincu.

Par la profondeur de ses réflexions, Sun Tse fait entrevoir que l'art de la guerre est plus subtil que ne l'ont imaginé certains théoriciens et que ne l'ont pratiqué quelques grands capitaines, qui ne furent que des soldats heureux. Limiter l'objet de la lutte aux forces combattantes de l'adversaire est un fait de myopie intellectuelle. Il faut s'en prendre surtout à ce qui est rare, précieux, essentiel et indispensable à l'ennemi et cette poursuite de la raréfaction n'implique pas nécessairement la bataille des hommes.

2. Les anciennes armées chinoises ont toujours fait usage de chars de combat. Le char chinois *(lou)* était un véhicule à quatre roues, pouvant contenir une dizaine de guerriers. Construit en bois, il était recouvert de peaux de bêtes fraîchement tuées pour le préserver des traits incendiaires. Les bords du char étaient renforcés par une galerie de grosses pièces de bois, formant rempart pour abriter les combattants. Les chars n'étaient pas qu'un instrument d'attaque, groupés ils formaient des réduits derrière lesquels les combattants venaient se reformer ; dans la défense, ils constituaient autant de points d'appui sur lequels s'appuyait la ligne des piquiers.

3. Ces tours étaient d'énormes masses de terre gazonnée dont la hauteur dépassait celle des murailles de la ville assiégée. Ainsi, l'assaillant se trouvait protégé et combattait dans les mêmes conditions que l'assiégé.

4. Dans la Chine ancienne, les ennemis non-Chinois étaient des nomades. Les plus redoutables étaient les Sien-iun, ancêtres des Siong-nou, que nous appelons les Huns. Cavaliers infatigables, ils n'avaient pas de places fortes. Les sièges auxquels Sun Tse fait allusion ne concernent donc que des forteresses chinoises défendant des principautés qu'il était facile d'incorporer ensuite dans l'État victorieux. Il importait dès lors de ne pas décimer par la famine ou exterminer par une lutte sans merci des populations destinées à faire retour à la communauté nationale.

ARTICLE IV

1. Les Chinois anciens concevaient la Terre composée de neuf couches concentriques ayant chacune des vertus spécifiques dont l'excellence allait en croissant au fur et à mesure qu'elles approchaient du centre. De même, le Ciel était formé de neuf enveloppes ayant aussi leurs propriétés, les plus sublimes étant contenues dans la sphère la plus étendue. La métaphore de Sun Tse comporte diverses interprétations dont la plus vraisemblable est que chacune des deux méthodes, défensive ou offensive, doit être pratiquée dans la perfection, c'est-à-dire ne négliger aucun des éléments susceptibles d'en accroître l'efficacité. Une explication plus littérale est donnée par quelques commentateurs chinois : s'enfoncer jusqu'à la neuvième terre serait dissimuler tous ses desseins, ne rien laisser entrevoir de ses dispositions, masquer tous ses préparatifs ; s'élever jusqu'au neuvième ciel serait exalter le moral, échauffer l'enthousiasme des exécutants et combattre avec une telle ardeur que l'univers entier retentisse du bruit de leurs exploits.

2. Les paroles énigmatiques de Sun Tse ont un sens profond qui dépasse la traduction littérale : « l'excès en tout est un défaut ». Elles visent plus loin. L'emploi brutal du combat pour obtenir la victoire est une forme de la violence. Certes, la force est nécessaire pour maintenir aussi bien les institutions que les valeurs morales, mais la force détruit aussi les institutions comme les valeurs qu'elle est appelée à protéger. Un succès remporté par les armes incite à en rechercher d'autres et ainsi la guerre par les armes devient un cancer qui tue la civilisation. C'est pourquoi Sun Tse recommande la modération et l'emploi volontairement limité du glaive.

3. C'est la phase de la « guerre des nerfs », objet d'une propagande habile qui tire toute sa valeur de la connaissance psychologique de l'adversaire. Elle fut maniée avec maîtrise par tous les grands capitaines et explique mieux que leurs victoires, la facilité avec laquelle ils purent exploiter leurs succès.

4. Un y pèse 20 onces chinoises (soit environ 700 grammes). Un tchou est la 1 200e partie d'une once (environ 3 centigrammes).

5. Un jen contient 8 pieds chinois. Le pied chinois ancien mesurait environ 0,26 mètre. 1 000 jen correspondraient approximativement à 2 000 mètres.

ARTICLE V

1. Les anciens Chinois ne connaissaient, en musique, que cinq tons naturels (Koung, Chang, Kio, Tche, Yu). Ils distinguaient cinq couleurs fondamentales (jaune, rouge, vert, blanc, noir) et ils admettaient cinq goûts caractérisés (doux, aigre, salé, amer, piquant).

2. Bien qu'on n'ait pas trouvé de ressorts à arbalète avant la dynastie des Han (Ier siècle de notre ère), de nombreuses allusions, chez les auteurs des dynasties Tcheou et Tsin, laissent penser que ce perfectionnement de l'arc a été découvert au moins cinq ou six siècles auparavant.

3. Sun Tse suggère que, par ruses et stratagèmes, l'ennemi est sollicité de se porter dans une direction déterminée où il est attendu. La tentation qui lui est offerte est si alléchante qu'il saute sur l'appât sans arrière-pensée, s'engage à fond sans réserve et donne dans le piège ainsi tendu.

ARTICLE VI

1. Le titre de ce chapitre a un sens symbolique. Il se réfère visiblement à la comparaison faite par Sun Tse à la fin de l'article, entre l'eau et la troupe. La mobilité, la force vive, la promptitude avec laquelle l'eau courante s'adapte au terrain sur lequel elle s'écoule et résout tous les problèmes d'hydraulique qui, par leur complexité, déjouent parfois le calcul humain, fournissent à Sun Tse un thème commode pour exposer toute la plasticité dont doit faire preuve l'esprit du général.

Ce serait commettre un contresens que de chercher dans ces énumérations des préceptes à ériger en dogmes. Ce ne sont pas des règles formulées pour garantir le succès, mais seulement des indications sur l'extraordinaire variété des situations qui peuvent surgir : chacune d'elles n'est ni bonne ni mauvaise en soi. Tout dépend de l'art avec lequel le chef sait les saisir par leur « bord maniable ». Partout, dans la nature comme dans les combinaisons humaines, il y a du plein et du vide, du consistant et du meuble, du solide et du faible. Savoir le discerner rapidement et en faire son profit, ne pas heurter le dur avec le mou, s'y prendre toujours du fort au moins résistant, rendre friable ce que l'on veut broyer et agglomérer ce qui n'a pas de compacité, sont des procédés qui doivent être instinctifs chez un général.

2. C'est le procédé, vieux comme le monde, des Horaces contre les Curiaces, d'Hannibal à Cannes, de Condé à Lens, de Napoléon à Austerlitz ; c'est aussi la faute des Allemands à la première bataille de la Marne.

3. Mille li correspondent à 576 kilomètres, soit environ de 20 à 25 marches.

4. Environ 6 000 mètres, c'est-à-dire la limite de ce que le renseignement à vue peut recueillir avec exactitude.

5. Le royaume de Yee était situé au sud de l'embouchure du Yang Tse Kiang. Le royaume de Oe dans la vallée moyenne du fleuve Jaune.

6. Les cinq éléments sont la Terre, l'Eau, le Bois, le Feu et le Métal.

ARTICLE VII

1. 100 li correspondent à trois étapes de 20 kilomètres. L'armée qui fond sur l'adversaire à cette distance bénéficie intégralement, selon Sun Tse, de l'effet de surprise. Mais si les deux armées se portent à vitesse égale à la rencontre l'une de l'autre, c'est une bataille hasardeuse qui s'engagera. Il y aurait incertitude sur le résultat (une chance sur deux) si les dispositions prises, telles que Sun Tse les a énumérées, ne conféraient au général habile deux chances sur trois d'être victorieux. Mais si l'ennemi n'a connaissance du mouvement de l'adversaire que lorsque celui-ci n'est plus qu'à une étape de lui (30 li ou 18 kilomètres), alors son dispositif ne pourra plus être modifié en temps utile.

2. Sun Tse fait allusion à la structure féodale de la Chine ancienne avec ses princes quasi indépendants, ses gouvernements locaux presque autonomes, la cour du Fils du Ciel, foyer d'intrigues permanentes.

3. Le lo militaire est un instrument de percussion constitué par un bassin de bronze d'environ 1 mètre de diamètre et 10 centimètres de profondeur. Heurté avec un maillet de bois, il fait entendre des sons prolongés, perceptibles de très loin.

ARTICLE VIII

1 Le titre *des neufs changements* donné par Sun Tse ne répond pas exactement au contenu de l'article, lequel traite non seulement des modifications au plan initial que les circonstances peuvent imposer, mais aussi des défauts de caractère qui peuvent compromettre toutes les combinaisons.

C'est probablement pour les vertus mystiques qui s'attachaient au chiffre 9 que Sun Tse réduit ou étend à ce chiffre le nombre de ses préceptes. En les lisant, on retiendra qu'ils s'appliquent à une époque lointaine où l'homme était dans une étroite et formelle sujétion des forces naturelles. Plus près de nous, de pareilles circonstances se retrouvaient encore dans les expéditions coloniales et, en dépit des moyens matériels que la science a mis à la disposition des armées, ceux-ci peuvent parfois faire défaut à quelques détachements et restituer toute leur actualité aux conseils de Sun Tse.

2. En dépit des progrès techniques, les armées actuelles sont toujours dans une étroite dépendance du terrain sur lequel elles opèrent et l'emploi généralisé des engins mécaniques n'a fait qu'alourdir cette subordination : l'efficacité, la mobilité, le ravitaillement et l'usure du matériel sont en étroite relation avec la nature des régions dans lesquelles il est employé.

3. Sun Tse ne met pas l'accent uniquement sur la supériorité morale et intellectuelle, mais aussi sur l'éclectisme des connaissances exigées d'un général car, à la guerre, seul le résultat importe et il s'agit moins, pour

un général, d'avoir de la personnalité et de l'originalité que d'être en mesure de s'approprier tout moyen pouvant conduire au succès.

4. La morale n'a évidemment aucun rapport avec ces conseils [...]. « Il faut, dira Machiavel, que la Patrie soit sauvée avec honneur ou avec déshonneur. » Le départ entre la ruse, l'expédient, le stratagème et les moyens perfides, interdits sauf par représailles, a toujours été difficile à établir.

ARTICLE IX

1. Située entre la masse énorme des montagnes de l'Asie centrale et la vaste étendue du Pacifique, la Chine est soumise à des vents réguliers et alternatifs. De mai à août, l'air surchauffé des plateaux provoque l'appel de la mousson d'été qui vient du sud ou du sud-est. Elle apporte les pluies bienfaisantes. En hiver, au contraire, l'appel d'air se produit sur la mer. La mousson s'établit au nord et au nord-ouest apportant froid et sécheresse. On s'explique dès lors la préférence marquée par Sun Tse pour les versants exposés à la mousson d'été et préservés de la mousson d'hiver.

2. Les « objets de mort » sont les aspects d'un terrain aride, desséché, dépourvu de toutes ressources : déserts, plaines rocailleuses, plateaux dénudés.

3. C'est à Siun-iuan que le *Che tsi*, l'un des plus importants documents sur l'histoire de l'Antiquité chinoise, fait remonter le premier prince historique des Chinois. Avant lui se succèdent des dynasties mythiques sur lesquelles on ne possède que des légendes.

4. Les anciens Chinois, pendant le déploiement de leur troupes, détachaient en avant du front une partie de leurs voitures et de leurs chars, dépourvus d'occupants. Par ce moyen, ils masquaient leurs mouvements, provoquaient le désordre chez leur adversaire par l'appât d'un butin et formaient une avant-ligne que l'ennemi devait disloquer. En cas d'attaque, ils jouaient le rôle d'avant-garde et le chef de ces chars devait faire prévenir le gros en toute diligence.

ARTICLE XI

1. Le commentateur mandchou développe ainsi cet énoncé :

« Il y a neuf sortes de terrains sur lesquels une armée peut se trouver, par suite neuf sortes de lieux sur lesquels elle peut combattre, par conséquent neuf manières différentes d'employer les troupes, neuf manières de vaincre l'ennemi, neuf manières de tirer parti de ses avantages, neuf manières de profiter même de ses pertes. »

C'est pour mieux faire sentir la nécessité de bien connaître le terrain que Sun Tse revient avec insistance sur ce sujet.

2. « Gâté » est pris ici dans le sens qu'il avait étymologiquement. Tiré du latin *vastare*, rendre désert, dévaster, ravager, le terme s'est peu à peu affaibli pour signifier détériorer, salir, blesser, altérer, sans parler du sens figuré qu'il revêt souvent aujourd'hui.

3. Sun Tse vise les armées de son temps, constituées parfois par des contingents hétérogènes fournis par les princes feudataires. Elles comprenaient aussi des volontaires venus pour se battre mais qui n'étaient liés par aucun contrat. Ils pouvaient quitter l'armée quand bon leur semblait.

4. Ce rôle qui résulte de la position des lieux, par suite de la géographie, a été renforcé dans la stratégie moderne par la création de « camps retranchés » permanents.

5. Le commentateur mandchou interprète ce conseil de la manière suivante : la tête et la queue d'une armée ne doivent pas être attaquées de la même façon : on combat la tête alors qu'on enfonce la queue. Le sens de la phrase de Sun Tse semble plutôt s'appliquer au commandement de ses propres troupes et, dans ce cas, il faudrait comprendre que le chef de l'avant-garde, dans la marche en avant, ne doit pas se comporter comme le chef de l'arrière-garde dans la marche en retraite.

6. Tchouan Tchou et Tsao Kuei étaient deux chefs de bandes, originaires, le premier du royaume de Ou (dans le Tse Kiang) et le second du royaume de Lou (dans le Chan-Toung). Ils sont restés légendaires aussi bien par la fécondité de leurs ressources et l'abondance de leurs ruses que par leur cruauté et leur perfidie.

7. La montagne de Tchang-chan se trouve dans le Chan-Toung.

8. Pa et Ouang étaient les titres attribués aux souverains feudataires des petits États. Seul, l'Empereur avait droit au titre de Ti.

8. La Chine était considérée comme l'Univers (Tien-hia, c'est-à-dire tout ce qui est sous le Ciel).

10. Cette mesure radicale se justifiait, aux yeux des anciens Chinois, parce qu'ils estimaient que leurs ennemis étaient, par définition, des rebelles qui se mettaient hors la loi en ne reconnaissant pas l'autorité de l'Empereur.

11. Une moitié du sceau de l'Empire était détenue par le général et l'autre par l'Empereur. Le rapprochement des deux parties conférait authenticité aux ordres ou rapports qui étaient envoyés. Rompre la partie du sceau qui lui était attribuée signifiait, pour le général, qu'il ne recevrait plus désormais d'ordres du souverain, celui-ci n'étant plus en mesure de juger exactement de la situation d'une part, et, d'autre part, présumant que le général ferait tout ce qui dépendrait de lui pour obtenir le succès.

12. Dans les anciennes armées chinoises, l'autel des ancêtres, sur lequel étaient déposées les tablettes des aïeux, était disposé sous sa tente ou

dans un lieu voisin. Devant lui se réunissaient les principaux officiers, au début de la campagne, au commencement d'un siège, la veille d'une bataille ou lorsque de graves résolutions devaient être arrêtées. Après avoir brûlé l'encens et s'être prosterné, le général énonçait ses informations et déclarait solennellement que sa conduite était dictée par le sentiment de l'honneur, sa déférence à l'Empereur, la gloire et l'intérêt de l'État et qu'il ne négligerait rien pour se montrer digne des ascendants sous l'invocation desquels il se plaçait.

ARTICLE XII

1. La saison favorable est celle où les vents sont stables et permanents (moussons d'été ou d'hiver). Au contraire, à l'époque de transition où les vents s'inversent, il règne une grande imprécision et des changements brusques d'orientation peuvent se produire.

Les constellations du Ciel chinois groupent les étoiles d'une manière différente de celle conventionnellement admise en Occident.

La constellation Ki est en partie formée par le Sagittaire (pied-arc et flèche). La constellation Pi est composée de deux étoiles dont l'une est la tête d'Andromède et l'autre extrémité australe de Pégase. La constellation Y est formée de vingt-deux étoiles appartenant à la Coupe et à l'Hydre. La constellation Tchen est formée de quatre étoiles du Corbeau (aile australe, patte, bec et devant de l'aile boréale). Les Chinois ont observé que, lorsque la Lune est sous une de ces constellations, il y a toujours du vent.

2. Cette allusion à l'emploi de l'eau est assez inattendue. Il est probable qu'elle témoigne de l'existence d'un article consacré à l'eau comme moyen de lutte, article qui a disparu comme quantité d'autres et dans lequel Sun Tse opposait l'action fugace de l'incendie à l'effet prolongé des inondations pour en tirer les conclusions propres à chaque mode d'emploi.

Il apparaît d'ailleurs que l'article 12 est visiblement tronqué. Contrairement à son habitude, Sun Tse ne développe pas les divers procédés à mettre en œuvre suivant l'objectif choisi, ni les précautions que doit prendre un général prudent pour se préserver des effets du feu.

Les lignes qui suivent cette allusion à l'emploi de l'eau et jusqu'à la fin de l'article constituent donc la conclusion d'un chapitre qui devait être plus étendu.

ARTICLE XIII

1. Quelques commentateurs (et, par suite, quelques traducteurs) ont intitulé cet article : *De l'emploi des espions* (en particulier L. Giles), prétendant que l'habile utilisation des espions est une partie importante de l'art militaire. Les aperçus de Sun Tse ont une portée plus générale. L'essentiel de sa doctrine est que, pour être victorieux, il faut être le plus

fort et que tout ce qui affaiblit la force de l'un, accroît celle de l'autre. Les dissensions intérieures contribuent à un tel résultat. Pour les faire naître, les étendre et les exploiter, il faut être renseigné par des émissaires, mais ce qui importe le plus, c'est moins la manière d'employer les espions que la connaissance des différends à exploiter, moins l'information à recueillir que le calcul exact des intérêts à opposer car toute fausse manœuvre ayant pour conséquence de manquer ou de dépasser le but peut aboutir à renforcer ceux qu'on voulait affaiblir, à souder entre eux des partis ou des hommes qui étaient désunis et, par la crainte d'un plus grand danger, associer des volontés antagonistes.

Seule, la direction politique de la guerre (pratiquement confondue chez les anciens Chinois avec la conduite militaire) peut mener ce jeu subtil et c'est pourquoi Sun Tse en fait un des attributs du général.

2. Le commentateur mandchou dit : Anciennement, le peuple était réparti en groupes de huit familles exploitant solidairement une neuvième portion qui était la part du propriétaire (seigneur ou Empereur). L'ensemble s'appelait tsing (puits) et englobait une surface de 100 meou. Dans chaque huitaine, une famille était désignée pour participer à la guerre. Les sept autres devaient non seulement assurer l'équipement et la subsistance des guerriers mais encore cultiver l'ensemble des neuf portions.

3. Telle est du moins l'interprétation donnée à ce passage obscur par l'un des commentateurs. D'autres prétendent qu'il doit s'entendre de la manière suivante : « Quand on emploie la ruse, vos intentions et vos moyens doivent être si bien cachés que les Esprits eux-mêmes ne pourraient les découvrir. » Une troisième version donne : « Lorsque vous emploierez quelque artifice, ce n'est pas en invoquant les Esprits, ni en supputant d'une manière approximative ce qui peut arriver que vous le ferez réussir. C'est uniquement en connaissant exactement, par le renseignement de vos espions, la disposition des ennemis par rapport à ce que vous voulez qu'ils fassent. » En d'autres termes, la connaissance des projets ennemis ne peut être obtenue ni par induction expérimentale ni par raisonnement déductif, mais seulement par l'information des espions.

4. Certains commentateurs, suivant leur version relative à l'espionnage, ont adopté des qualificatifs analogues pour caractériser les différents modes d'opérer de l'espionnage : espions locaux, espions internes, espions transfuges, etc.

5. Un des commentateurs mandchous s'exprime ainsi sur ce passage : « Que les noms de fourbe, de traître ou de rebelle ne vous épouvantent pas. Tout dépend de vos succès. Quelque bonnes que soient vos intentions, si vous échouez, vous serez voué à l'exécration, mais, si vous réussissez, vous serez considéré comme le sauveur du peuple et le restaurateur des lois. Y-In et Lu-Ya en sont une preuve mais, à l'exemple de ces sages, n'ayez que des intentions droites, n'entreprenez rien qui soit contraire à la justice et, comme eux, vous vous ferez une réputation immortelle. »

DOSSIER

PRÉSENTATION DU DOSSIER

Les textes réunis en annexe permettront de mieux cerner l'importance et l'impact de *L'Art de la guerre.* Le premier, dans la traduction qu'en donne Amiot en 1722, est un extrait de la vie de Sun Zi tiré de l'œuvre de Szu Ma Chien (Sima Quian) (v. 145-v. 86 av. J.-C.), le plus considérable des historiens chinois et dont le *Shih Chi* mentionne fréquemment Sun Zi.

Le second texte est dû à L. Nachin qui eut le mérite, en 1948, après une longue éclipse de la stratégie indirecte en Occident et avant la victoire de Mao Zedong, de publier à nouveau Sun Zi, en présentant à la fois l'œuvre et son traducteur en français. Ce n'est qu'après la victoire de l'Armée rouge chinoise (1949) qu'on commença, particulièrement aux États-Unis, à s'intéresser à Sun Zi.

Le troisième texte est la biographie, par Szu Ma Chien (Sima Quian), d'un stratège évoquant directement les enseignements de Sun Zi quelque quatre siècles après leur élaboration. Rien cependant d'hagiographique. Dans les biographies du général Wei Ching et du général de cavalerie légère Ho Chü-Ping (*Shih Chi* III), Szu Ma Chien écrit : « Ho Chü-Ping était un homme réservé et peu disert mais plein d'audace et d'initiative. Une fois l'empereur essaya de lui enseigner les principes de la guerre selon les anciens philosophes Sun Tzu et Wu Tzu [1], mais il répondit : ''La seule chose qui compte est la façon dont la stratégie qu'on emploie va triompher''. »

Les pages d'Alain Joxe extraites de son livre *Voyage aux sources de la guerre* [2] ont le mérite non seulement de situer l'originalité de Sun Zi mais de nous livrer une intéressante comparaison des concepts utilisés dans les trois traductions françaises dont nous disposons du stratège chinois : celle du père Amiot ici présentée, celle de Samuel Griffith, traduite

1 On trouvera *L'Art de la guerre* de Wu Tzi (Wu Chi) en annexe de la version de S. Griffith de Sun Zi, éd. Flammarion, 1972.

2. PUF, 1991

à partir de l'anglais, et la dernière en date, traduite du chinois par V. Niquet-Cabestan.

Le texte suivant est consacré par le Britannique Lionel Giles, dans son édition de 1910, aux divers commentateurs chinois de *L'Art de la guerre* qui couvrent plus de quinze siècles. Malheureusement ces mentions ne nous apprennent rien sur la nature et la qualité des commentaires. Le lecteur désireux de juger par lui-même pourra lire en anglais : *Mastering the Art of War* (translated and edited by Thomas Cleary, Shambala, Boston, 1989) qui nous donne des textes de deux commentateurs : Zhuge Liang, auteur de l'époque des Han (né v. 180 apr. J.-C.) dont les extraits consacrés « Au général en chef » à la manière d'Onasander[1] sont tirés de *Records of the Loyal Lord of Warriors*, et Liu Ji, né sous les Yuan en 1311, auteur d'un livre traduit en anglais sous le titre de *Extraordinary Strategies of a Hundred Battles*, qui est fondé sur *L'Art de la guerre* de Sun Zi comme le montre le passage suivant : « L'essence des principes guerriers est de savoir répondre au changement... Dans toute action il est impératif de jauger d'abord l'adversaire. Si celui-ci ne manifeste aucun mouvement, attendez. Profiter du mouvement de l'adversaire afin d'y répondre de façon adéquate est bénéfique. La règle est : ''La capacité de déboucher sur la victoire en changeant et en s'adaptant selon l'adversaire est la marque du génie'' ».

Enfin, pour en venir à la période contemporaine, on notera que les principes stratégiques de Sun Zi ont au moins autant fasciné les hommes d'affaires, cadres industriels et chefs d'entreprises que les militaires. L'extrait ici présenté d'un petit manuel chinois[2] récent envisage les principes de Sun Zi sous l'angle de la gestion des affaires.

L'universalité des principes militaires de Sun Zi se trouve confortée par le champ considérable où l'intelligence des rapports de forces trouve intérêt à s'exercer de façon organisée.

G.C.

1. Cf. G. CHALIAND, *Anthologie mondiale de la stratégie*, éd. Laffont, coll. « Bouquins », 1990, pp. 121-130.

2. .« Sun Wu's Art of War » and the Art of Business Management. Li Shijun, Yang Xianju and Qin Jiarvi. Hai Feng Pub Co. Ltd, Hong Kong, 1990.

SZU-MA CHIEN (SIMA QIAN)

VIE DE SUN TSE

Sun Tse, né sujet du roi de Tchi, était l'homme le plus versé qu'il y ait eu dans l'art militaire. L'ouvrage qu'il a composé et les grandes actions qu'il a faites, sont une preuve de sa profonde capacité et de son expérience consommée en ce genre. Avant même qu'il eût acquis cette grande réputation qui le distingua depuis dans toutes les provinces qui composent aujourd'hui l'empire, et dont la plupart portaient alors le nom de royaume, son mérite était connu dans tous les lieux voisins de sa patrie.

Le roi de Ou avait quelques démêlés avec le roi de Tchou. Ils étaient sur le point d'en venir à une guerre ouverte, et de part et d'autre on en faisait les préparatifs. Sun Tse ne voulut pas demeurer oisif. Persuadé que le personnage de spectateur n'était pas fait pour lui, il alla se présenter au roi de Ou pour obtenir de l'emploi dans ses armées. Le roi, charmé qu'un homme de ce mérite se rangeât dans son parti, lui fit un très bon accueil. Il voulut le voir et l'interroger lui-même.

« Sun Tse, lui dit-il, j'ai vu l'ouvrage que vous avez composé sur l'art militaire, et j'en ai été content ; mais les préceptes que vous donnez me paraissent d'une exécution bien difficile ; il y en a même quelques-uns que je crois absolument impraticables : vous-même, pourriez-vous les exécuter ? car il y a loin de la théorie à la pratique. On imagine les plus beaux moyens lorsqu'on est tranquille dans son cabinet et qu'on ne fait la guerre qu'en idée ; il n'en est pas de même lorsqu'on se trouve dans l'occasion. Il arrive alors qu'on regarde souvent comme impossible ce qu'on avait envisagé d'abord comme fort aisé.

— Prince, répondit Sun Tse, je n'ai rien dit dans mes écrits que je n'aie déjà pratiqué dans les armées ; mais ce que je n'ai pas encore dit, et dont cependant j'ose assurer aujourd'hui Votre Majesté, c'est que je suis en état de le faire pratiquer par qui que ce soit, et de le former aux exercices militaires quand j'aurai l'autorité pour le faire.

— Je vous entends, répliqua le roi : vous voulez dire que vous instruisez aisément de vos maximes, des hommes intelligents, et qui auront déjà la prudence et la valeur en partage ; que vous formerez sans beaucoup de peine aux exercices militaires, des hommes accoutumés au travail, dociles, et pleins de bonne volonté. Mais le grand nombre n'est pas de cette espèce.

— N'importe, répondit Sun Tse : j'ai dit *qui que ce soit*, et je n'excepte personne de ma proposition : les plus mutins, les plus lâches et les plus faibles y sont compris.

— À vous entendre, reprit le roi, vous inspireriez même à des femmes les sentiments qui font les guerriers ; vous les dresseriez aux exercices des armes.

— Oui, Prince, répliqua Sun Tse d'un ton ferme, et je prie Votre Majesté de n'en pas douter. »

Le roi, que les divertissements ordinaires de la Cour n'amusaient plus guère dans les circonstances où il se trouvait alors, profita de cette occasion pour s'en procurer d'un nouveau genre. « Qu'on m'amène ici, dit-il, cent quatre-vingts de mes femmes. » Il fut obéi, et les princesses parurent. Parmi elles il y en avait deux en particulier que le roi aimait tendrement ; elles furent mises à la tête des autres. « Nous verrons, dit le roi en souriant, nous verrons, Sun Tse, si vous nous tiendrez parole. Je vous constitue général de ces nouvelles troupes. Dans toute l'étendue de mon palais vous n'avez qu'à choisir le lieu qui vous paraîtra le plus commode pour les exercer aux armes. Quand elles seront suffisamment instruites, vous m'avertirez, et j'irai moi-même pour rendre justice à leur adresse et à votre talent. »

Le général, qui sentait tout le ridicule du personnage qu'on voulait lui faire jouer, ne se déconcerta pas, et parut au contraire très satisfait de l'honneur que lui faisait le roi, non seulement de lui laisser voir ses femmes, mais encore de les mettre sous sa direction. « Je vous en rendrai bon compte, Sire, lui dit-il d'un ton assuré, et j'espère que dans peu Votre Majesté aura lieu d'être contente de mes services ; elle sera convaincue, tout au moins, que Sun Tse n'est pas homme à s'avancer témérairement. »

Le roi s'étant retiré dans un appartement intérieur, le

guerrier ne pensa plus qu'à exécuter sa commission. Il demanda des armes et tout l'équipage militaire pour ses soldats de nouvelle création ; et en attendant que tout fût prêt, il conduisit sa troupe dans une des cours du palais, qui lui parut la plus propre pour son dessein.

On ne fut pas longtemps sans lui apporter ce qu'il avait demandé. Sun Tse adressant alors la parole aux favorites : « Vous voilà, leur dit-il, sous ma direction et sous mes ordres ; vous devez m'écouter attentivement, et m'obéir dans tout ce que je vous commanderai. C'est la première et la plus essentielle des lois militaires : gardez-vous bien de l'enfreindre. Je veux que dès demain vous fassiez l'exercice devant le roi, et je compte que vous vous en acquitterez exactement. »

Après ces mots il les ceignit du baudrier, leur mit une pique à la main, les partagea en deux bandes, et mit à la tête de chacune une des princesses favorites. Cet arrangement étant fait, il commence ses instructions en ces termes : « Distinguez-vous bien votre poitrine d'avec votre dos, et votre main droite d'avec votre main gauche ? Répondez. » Quelques éclats de rire furent toute la réponse qu'on lui donna d'abord. Mais comme il gardait le silence et tout son sérieux : « Oui, sans doute, lui répondirent ensuite les concubines d'une commune voix. »

« Cela étant, reprit Sun Tse, retenez bien ce que je vais dire.

« Lorsque le tambour ne frappera qu'un seul coup, vous resterez comme vous vous trouvez actuellement, ne faisant attention qu'à ce qui est devant votre poitrine.

« Quand le tambour frappera deux coups, il faut vous tourner de façon que votre poitrine soit dans l'endroit où était ci-devant votre main droite.

« Si au lieu de deux coups vous en entendiez trois, il faudrait vous tourner de sorte que votre poitrine fût précisément dans l'endroit où était auparavant votre main gauche.

« Mais lorsque le tambour frappera quatre coups, il faut que vous vous tourniez de façon que votre poitrine se trouve où était votre dos, et votre dos où était votre poitrine.

« Ce que je viens de dire n'est peut-être pas assez clair : je m'explique. Un seul coup de tambour doit vous signifier qu'il ne faut pas changer de contenance, et que vous devez être sur vos gardes ; deux coups, que vous devez vous tourner à droite ; trois coups, qu'il faut vous tourner à gauche ; et quatre coups, que vous devez faire le demi-tour. Je m'explique encore.

« L'ordre que je suivrai est tel : je ferai d'abord frapper un seul coup : à ce signal vous vous tiendrez prêtes à ce que je dois vous ordonner. Quelques moments après je ferai frapper deux coups ; alors, toutes ensemble, vous vous tournerez à droite avec gravité ; après quoi je ferai frapper non pas trois coups, mais quatre, et vous achèverez le demi-tour. Je vous ferai reprendre ensuite votre première situation, et comme auparavant, je ferai frapper un seul coup. Recueillez-vous à ce premier signal. Ensuite je ferai frapper, non pas deux coups, mais trois, et vous vous tournerez à gauche ; aux quatre coups vous achèverez le demi-tour. Avez-vous bien compris ce que j'ai voulu vous dire ? S'il vous reste quelque difficulté, vous n'avez qu'à me la proposer, je tâcherai de vous satisfaire.

— Nous sommes au fait, répondirent les dames.

— Cela étant, reprit Sun Tse, je vais commencer. N'oubliez pas que le son du tambour vous tient lieu de la voix du général, puisque c'est par lui qu'il vous donne ses ordres. »

Après cette instruction répétée trois fois, Sun Tse rangea de nouveau sa petite armée ; après quoi il fait frapper un coup de tambour. À ce bruit toutes les princesses se mirent à rire : il fait frapper deux coups, elles rirent encore plus fort. Le général, sans perdre son sérieux, leur adressa la parole en ces termes : « Il peut se faire que je ne me sois pas assez clairement expliqué dans l'instruction que je vous ai donnée. Si cela est, je suis en faute ; je vais tâcher de la réparer en vous parlant d'une manière qui soit plus à votre portée (et sur-le-champ il leur répéta jusqu'à trois fois la même façon en d'autres termes) ; puis, nous verrons, ajouta-t-il, si je serai mieux obéi. »

Il fait frapper un coup de tambour, il en fait frapper deux. À son air grave, et à la vue de l'appareil bizarre où elles se trouvaient, les dames oublièrent qu'il fallait obéir. Après s'être fait quelques moments de violence pour arrêter le rire qui les suffoquait, elles le laissèrent enfin échapper par des éclats immodérés.

Sun Tse ne se déconcerta point ; mais du même ton dont il leur avait parlé auparavant, il leur dit : « Si je ne m'étais pas bien expliqué, ou que vous ne m'eussiez pas assuré, d'une commune voix, que vous compreniez ce que je voulais vous dire, vous ne seriez point coupables ; mais je vous ai parlé clairement, comme vous l'avez avoué vous-mêmes. Pourquoi n'avez-vous pas obéi ? Vous méritez punition, et une punition militaire. Parmi les gens de guerre, quiconque n'obéit pas aux ordres de son général, mérite la mort : vous mourrez donc. »

Après ce court préambule, Sun Tse ordonna à celles des femmes qui formaient les deux rangs de tuer les deux qui étaient à leur tête. À l'instant, un de ceux qui étaient préposés pour la garde des femmes, voyant bien que le guerrier n'entendait pas raillerie, se détache pour aller avertir le roi de ce qui se passait. Le roi dépêche quelqu'un vers Sun Tse pour lui défendre de passer outre, et en particulier de maltraiter les deux favorites qu'il aimait le plus et sans lesquelles il ne pouvait vivre.

Le général écouta avec respect les paroles qu'on lui portait de la part du roi ; mais il ne déféra pas pour cela à ses volontés. « Allez dire au roi, répondit-il, que Sun Tse le croit trop raisonnable et trop juste pour penser qu'il ait sitôt changé de sentiment, et qu'il veuille véritablement être obéi dans ce que vous venez annoncer de sa part. Le prince fait la loi, il ne saurait donner des ordres qui avilissent la dignité dont il m'a revêtu. Il m'a chargé de dresser aux exercices des armes cent quatre-vingts de ses femmes, il m'a constitué leur général ; c'est à moi à faire le reste. Elles m'ont désobéi, elles mourront. »

À peine eut-il prononcé ces derniers mots qu'il tire son sabre et, du même sang-froid qu'il avait témoigné jusqu'alors, il abat la tête aux deux qui commandaient les autres. Aussitôt il en met deux autres à leur place, fait battre les différents coups de tambour dont il était convenu avec sa troupe ; et, comme si ces femmes eussent fait toute leur vie le métier de la guerre, elles se tournèrent en silence et toujours à propos.

Sun Tse adressant la parole à l'envoyé : « Allez avertir le roi, lui dit-il, que ses femmes savent faire l'exercice ; que je puis les mener à la guerre, leur faire affronter toute sorte de périls, et les faire passer même au travers de l'eau et du feu. »

Le roi, ayant appris tout ce qui s'était passé, fut pénétré

de la plus vive douleur. « J'ai donc perdu, dit-il en poussant un profond soupir, j'ai donc perdu ce que j'aimais le plus en ce monde... Que cet étranger se retire dans son pays. Je ne veux ni de lui, ni de ses services... Qu'as-tu fait, barbare ?... Comment pourrai-je vivre désormais », etc.

Alors Sun Tse dit : « Le roi n'aime que les mots vides. Il n'est pas à même de joindre le geste à la parole. »

Quelque inconsolable que le roi parût, le temps et les circonstances lui firent bientôt oublier sa perte. Les ennemis étaient prêts à fondre sur lui ; il redemanda Sun Tse, le fit général de ses armées, et par son moyen il détruisit le royaume de Tchou. Ceux de ses voisins qui lui avaient donné le plus d'inquiétudes auparavant, pénétrés de crainte au seul bruit des belles actions de Sun Tse, ne pensèrent plus qu'à se tenir en repos sous la protection d'un prince qui avait un tel homme à son service.

Szu-Ma Chien (Sima Qian), *Chroniques du grand historien*, Ier siècle après J.-C., traduit par Amiot.

LOUIS NACHIN

DE SUN TSE AU PÈRE AMIOT

C'est au père Amiot, jésuite né à Toulon en 1718, mort à Pékin en 1794, que l'Occident est redevable de la connaissance des anciens auteurs militaires chinois. Dans ce rapprochement, le hasard n'est pour rien ; les circonstances firent tout. Cela vaut d'être dit. Le 5 octobre 1699, un navire français, l'*Amphitrite*, s'amarrait au quai de Canton, inaugurant les relations commerciales directes qui devaient désormais s'établir entre la Chine et la France. L'accueil sympathique réservé exceptionnellement à nos nationaux était dû à l'influence agissante des jésuites français établis à Pékin depuis un siècle et au crédit dont jouissait, auprès de l'empereur Kiang-Si, une mission scientifique envoyée par Louis XIV, en 1692.

Peu s'en fallut, à cette époque, que la Chine tout entière devînt catholique, mais ce n'est pas le sujet. Ce qui importe, c'est que nos jésuites mirent à profit leurs hautes relations pour servir les intérêts du roi très chrétien et ne négligèrent rien pour l'instruire de tout ce qui pouvait l'intéresser. C'est ainsi qu'ils poursuivirent d'actives recherches sur l'histoire et la civilisation de l'Empire du Milieu. Ils traduisirent tous les bons ouvrages des principaux philosophes et les firent connaître en France.

La prodigieuse antiquité des institutions, la singularité des mœurs qu'ils dépeignaient provoquèrent un vif mouvement de curiosité amusée dans la société française. Aussi bien, la mode était aux « chinoiseries ». Les vaisseaux de la Compagnie des Indes déversaient des cargaisons de somptueuses soieries, de translucides porcelaines, d'adorables montures de bronze et des laques miroitantes qu'on tentait de copier, tant elles étaient recherchées pour la parure des salons et le plaisir des yeux.

L'Orient était devenu une réalité depuis que Versailles et Paris avaient vu d'authentiques Asiatiques (les deux missions siamoises de 1684 et 1686) faire leur cour au roi, être reçus par les princes et visiter les palais, les monuments et les théâtres. Comme de coutume, on fit des vers et des chansons ; même une médaille fut frappée pour commémorer ces réceptions.

Dès lors, tout ce qui exhalait un parfum d'orientalisme eut droit à l'actualité et fut assuré d'un succès certain. Indifférent à une géographie qu'il ignorait déjà, le Français confondait dans un même étonnement les représentants siamois, qu'il appelait *des rois indiens*, l'envoyé du shah de Perse, en 1715, et l'ambassadeur du Grand Turc en 1721. Il se jetait avec avidité, aussi bien sur le fade roman de Dufresny, le *Siamois*, que sur les suggestifs récits de Galland, dans sa traduction des *Contes des Mille et Une Nuits*. Montesquieu dut, en partie, le succès de ses *Lettres persanes* à l'attrait de l'exotisme provoqué par ces révélations. Ces lettres eurent, par leur retentissement, un effet inattendu.

À une époque où il faut que *la plume soit captive si elle n'est pas vénale*, selon Montesquieu, ces *Lettres* offrent le modèle à suivre pour narguer impunément les puissances du jour, attaquer insidieusement les institutions et les dogmes sans s'exposer à la rigueur des édits, stigmatiser les vices de la société et les scandales des mœurs sans risquer la lettre de cachet. Qui veut désormais réformer, sans craindre la censure, dépeindra les lois idéales ou les bizarreries d'une contrée lointaine, réelle ou imaginaire.

La formule eut un tel succès que la littérature du XVIIIe siècle s'en reput jusqu'à la satiété. Le public s'y accoutuma au point de trouver des allusions dans les livres qui n'en comportaient pas. Point de suggestion valable, en matière sociale, si elle ne s'étayait de comparaisons ethnologiques qu'on pouvait, par antiphrase, appliquer au royaume de Louis XV. C'est à Bantam, à Cathay et à Pékin qu'on va chercher le prototype des institutions fondées sur la raison seule, des lois dictées par la nature pour mettre le comble au bonheur des humains.

En Chine, écrit un contemporain anonyme, *pour avoir des soldats qui aient un véritable intérêt à défendre la Patrie, on en fait des citoyens, on leur donne des propriétés foncières vers les frontières de l'Empire. Chez nous, on arrache souvent un infortuné cultivateur du champ qu'il fertilisoit pour le faire servir malgré lui. Doit-on être surpris que la désertion soit inconnue à la Chine, tandis qu'elle est si commune parmi nous ?*

À ces causes de réceptivité pour tout ce qui vient de l'étranger, en général, il faut encore joindre, afin d'expliquer l'engouement du XVIIIe siècle pour la connaissance des techniques professionnelles, l'attrait exercé par la systématique sur les esprits.

[...] Le propre des principes naturels étant d'être universels et intemporaires, on eut tôt fait de fouiller l'Antiquité pour s'assurer qu'ils s'y trouvaient et on eut peu à solliciter pour les rencontrer chez Alexandre le Grand, Annibal et Jules César. Restait à les découvrir chez d'autres peuples : c'était l'affaire des missions religieuses et des voyageurs, mais cette lacune fut plus longue à combler à cause de l'ignorance des langues et de la pénurie des textes. On n'eut de cesse qu'on n'y parvînt. C'est ainsi qu'en 1772 parut, chez Didot l'Aîné, *L'Art militaire des Chinois* ou *Recueil d'anciens traités sur la guerre composés avant l'ère chrétienne par différents généraux chinois*. La traduction en avait été faite par le père Amiot, jésuite, sinologue réputé auquel on est redevable d'une grammaire et d'un dictionnaire tartare-mandchou et d'une *Vie de Confucius*.

Le père jésuite n'avait pas prévu qu'au cours des longues années nécessitées par l'acquisition de la langue et l'établissement de son texte, la mode, déesse capricieuse, aurait changé. En 1772, les Chinois, détrônés par les *Hurons* de Marmontel et bientôt par ses *Incas*, n'intéressaient plus personne et le rationalisme dans l'art militaire s'éclipsait devant l'éclatante réussite de l'*Essai de tactique générale* qui paraissait au même moment et qui portait aux nues la réputation de son auteur, le comte de Guibert. Le livre du père Amiot n'eut aucun retentissement. Les principes qu'il énonçait et qui eussent plongé dans le ravissement, vingt ans auparavant, laissèrent indifférents militaires et philosophes. De cette indifférence, le livre ne s'est pas relevé.

Pourtant, il méritait un meilleur sort. Les vieux auteurs qu'il exhumait étaient inconnus chez nous ; c'est lui seul qui nous les fit connaître ; leurs réflexions, qui reflètent une sagesse plusieurs fois millénaire, sont riches d'enseignements dignes d'être toujours médités ; la traduction pouvait, sans doute, se ranger parmi les *belles infidèles*, mais, au XVIIIe siècle, on n'y regardait pas de si près et personne ne se fût étonné d'entendre s'exprimer un contemporain de Confucius dans la langue de Florian. De cette inadvertance, le père Amiot ne saurait être rendu responsable. Il avait le respect des textes. *Il me semble,* dit-il, *qu'on devrait se conduire à l'égard des écrits qui viennent de loin, comme on se conduit à l'égard des ouvrages qui sont déjà surannés et qu'on veut rajeunir : on ne se permet d'autres changements que ceux qui ont rapport aux expressions et au style.* Il était aussi très scrupuleux dans l'établissement de son texte. *Ce n'est pas sans avoir vaincu bien des obstacles que je l'ai conduit à sa fin*, avoue-t-il. *Le laconisme, l'obscurité, disons mieux, la difficulté des expressions chinoises n'est pas une des moindres. Cent fois rebuté, j'ai abandonné cent fois une entreprise que je croyais être, et qui était en effet au-dessus de mes forces ; j'y renonçois entièrement, lorsque le hasard me remit sur les voies, dans le temps même que mes occupations sembloient devoir m'en éloigner davantage.*

Ce hasard fut l'entrée en possession de manuscrits rédigés en mandchou et leur commentaire par des officiers indigènes qui parlaient cette langue. Il est déjà à présumer que la version mandchoue devait différer du texte chinois mais, de plus, on peut être assuré que le truchement des officiers mandchous eut pour conséquence l'introduction de périphrases, de commentaires et d'approximations qui contribuèrent à affaiblir la traduction. Parlant de ses auxiliaires bénévoles, le père Amiot admet, en effet, que, *néanmoins, il est arrivé bien des fois, malgré leurs longues explications et leurs prétendus éclaircissements, [que] le secours de leurs lumières ne m'a guère éclairé.*

S'attachant plus au sens qu'à la lettre, il n'a pas entrepris de traduire littéralement, mais *de donner une idée de la manière dont les meilleurs auteurs chinois parlent de la guerre, d'expliquer d'après eux leurs préceptes militaires en conservant leur style et en donnant quelque jour à leurs idées lorsqu'elles étaient enveloppées dans les ténèbres de la métaphore, de l'amphibologie, de l'énigme ou de l'obscurité.*

Louis Nachin, Introduction à
L'Art de la guerre de Sun Tse.

SZU-MA CHIEN

ÉPOPÉE DE HAN HSIN

Après que le roi de Han se fut retiré en son territoire de Shu, Han Hsin s'enfuit de Ch'u et rejoignit les forces de Han. Ne disposant encore d'aucune renommée, il se vit confier une fonction mineure de suivant des invités.

Han Hsin se retrouva impliqué dans un crime et fut condamné à mort. Treize autres hommes du groupe avaient déjà été décapités et le tour de Han Hsin arrivait. Il leva la tête et regarda autour de lui, quand son regard tomba sur le seigneur T'eng. « Notre souverain n'a-t-il aucun désir de conquérir le monde ? demanda-t-il. Pourquoi tranche-t-il délibérément la tête d'un homme brave ? »

Le seigneur T'eng fut frappé par ses paroles, vit qu'il paraissait brave, et ne le fit pas exécuter, mais le libéra. Après avoir parlé à Han Hsin, et l'avoir apprécié, le seigneur T'eng parla de lui au roi de Han qui lui confia une commission de colonel, bien qu'il ne lui trouvât rien de particulier. Han Hsin parla à plusieurs reprises avec Hsiao Ho, qui le considérait avec un certain respect.

Au moment où l'armée de Han rejoignit Nan-cheng, il apparut que vingt à trente des généraux avaient déserté en chemin. « Hsiao Ho et d'autres ont parlé plusieurs fois de moi au roi, se disait Han Hsin, mais le roi n'a que faire de moi », et il déserta lui aussi. Quand Hsiao Ho apprit que Han Hsin s'était enfui, il n'attendit pas d'en référer au roi, mais se mit personnellement à sa poursuite.

Quelqu'un rapporta au roi que le Premier ministre Hsiao Ho avait déserté. Le roi fut pris de fureur et fut aussi désemparé que s'il avait perdu l'une de ses mains. Un jour plus tard, Hsiao Ho revint et se présenta devant le roi. Celui-ci, à la fois furieux et soulagé, commença par le maudire.

« Tu as déserté, n'est-ce pas ! dit-il. Pourquoi ?

— Comment oserais-je déserter ? répondit Hsiao Ho. Je pourchassais un déserteur !

— Qui pourchassais-tu ?

— Han Hsin. »

Le roi jura de nouveau :

« Alors que mes généraux désertent par dizaines, tu n'en pourchasses aucun. Cette poursuite de Han Hsin est un mensonge !

— Il est facile de se procurer des généraux, répondit Hsiao Ho, alors que les hommes comme Han Hsin sont l'essence de la nation. Si l'ambition de Votre Majesté est de régner sur le territoire de Han le plus longtemps possible, alors elle n'a nullement besoin des services de Han Hsin. Mais si elle espère régner sur le monde, alors Han Hsin est le seul homme avec qui établir des plans. Toute la question est de savoir quelle voie Votre Majesté souhaite suivre.

— Ma seule ambition est de marcher vers l'est, répondit le roi. Comment pourrais-je supporter de rester enfermé pour toujours dans un endroit comme celui-ci ?

— Comme votre objectif est de progresser vers l'est, alors Han Hsin restera avec vous si vous pouvez l'utiliser convenablement. Mais si vous ne l'utilisez pas comme il le mérite, il finira par déserter !

— Par égard pour vous, je vais le nommer général, dit le roi.

— Si vous n'en faites qu'un général, il ne restera jamais.

— Alors j'en ferai un général en chef !

— Ce serait un acte plein de grâce de votre part, répondit Hsiao Ho.

Le roi s'apprêtait à faire mander Han Hsin et à l'investir immédiatement de cette charge, mais Hsiao Ho lui dit :

« Votre Majesté a tendance à agir brusquement et sans cérémonie. Si vous l'appeliez et le faisiez général dans l'instant, ce serait le traiter comme un petit garçon. C'est précisément la raison pour laquelle Han Hsin a déserté. Si vous souhaitez lui conférer un titre, vous devez choisir un jour favorable, jeûner et vous purifier, ériger un autel et appliquer le cérémonial point par point. C'est ainsi qu'il faut agir. »

Le roi consentit à cela. Tous les généraux furent remplis de joie, chacun pensant que le titre de général en chef allait lui revenir. Mais lorsque le titre fut conféré, à l'étonnement de l'armée entière, ce fut à Han Hsin qu'il alla. Après que la cérémonie d'investiture fut terminée et que Han Hsin eut regagné son siège, le roi dit : « Le Premier ministre Hsiao Ho m'a souvent parlé de vous, général. Quelle sorte de stratégie allez-vous m'enseigner ? »

Han Hsin exprima sa gratitude pour l'honneur qui lui était fait et profita de la demande du roi pour lui poser lui-même une question :

« Quiconque marche vers l'est pour combattre l'empire devra affronter Hsiang Yü, n'est-ce pas ?

— C'est exact, répondit le roi.

— D'après Votre Majesté, qui, de Hsiang Yü et d'elle-même, excelle en ardeur et en bonté ? »

Le roi de Han garda le silence quelques instants, puis déclara :

« Je suis inférieur à Hsiang Yü. »

Han Hsin s'inclina à nouveau et approuva, déclarant :

« Oui, je crois également que vous lui êtes inférieur. Mais j'ai servi Hsiang Yü, et je voudrais vous exposer quel genre de personnage il est. Quand Hsiang Yü enrage et hurle, il peut faire s'évanouir de terreur un millier d'hommes. Mais comme il est incapable d'employer des généraux compétents, cela ne représente pas plus que la crainte qu'inspire un homme ordinaire.

« Quand Hsiang Yü rencontre quelqu'un, il est courtois et réfléchi, le ton de ses paroles est doux et, si quelqu'un est malade ou dans la détresse, il se penchera vers lui et lui donnera ses propres vivres. Mais lorsque quelqu'un qu'il a envoyé en mission s'est comporté honorablement et mérite d'être honoré et de recevoir un fief, il joue avec le sceau d'investiture jusqu'à ce que celui-ci se désagrège entre ses doigts avant qu'il puisse se résoudre à le remettre à celui à qui il est destiné. Un tel comportement mérite d'être considéré comme propre à une femme !

« Ainsi, bien que Hsiang Yü se soit nommé lui-même comme dictateur du monde et ait soumis les autres nobles à sa loi, il n'a pas élu résidence dans la région de la Passe, mais a installé sa capitale à P'eng-ch'eng. Il est allé à l'encontre de l'accord conclu avec l'empereur légitime et, à la place, a distribué des royaumes aux nobles sur la base de ses propres préférences, ce qui a entraîné de grandes injustices. Les nobles, voyant que Hsiang Yü avait banni l'empereur en titre et l'avait assigné à résidence à Chiang-nan, ont regagné leurs territoires et, de la même manière, en ont chassé les souverains et se sont attribué eux-mêmes le gouvernement des meilleures terres. Hsiang Yü n'a laissé que mort et destruction partout où il est passé. Beaucoup de gens le haïssent. Le peuple ne se soumet pas à lui par affection, mais uniquement par crainte de sa puissance. Il a le titre de dictateur, mais dans les faits il a perdu les cœurs du monde entier. Pour ces raisons, je déclare que son pouvoir peut être affaibli.

« Ainsi, sans aller plus loin que mener la politique inverse, et utiliser les hommes braves du monde, quel ennemi vous résisterait ? Si vous attribuiez des territoires de l'empire en fief à vos suivants fidèles, qui ne se soumettrait pas à vous ? Si vous emmeniez vos soldats de justice et les conduisiez vers l'est où il leur tarde de retourner, qui ne fuirait pas votre progression ?

« Les rois de la région de Ch'in n'étaient autrefois que généraux, et ont mené les fils de Ch'in pendant plusieurs années. Le nombre d'hommes tombés sous leur commandement dépasse l'imagination. En outre, ils ont trompé leurs hommes en se rendant aux autres nobles et, quand ils ont atteint Hsin-an, Hsiang Yü a perfidement massacré plus de deux cent mille soldats de l'armée de Ch'in qui s'était rendue, n'épargnant que les trois généraux Chang Han, Ssu-ma Hsin et Tung I. Pour cette raison, les pères de Ch'in haïssent ces trois hommes d'une passion qui les brûle jusqu'aux os. Maintenant Hsiang Yü a fait, par la force, des rois de ces hommes, mais le peuple de Ch'in ne leur porte aucun amour. Quand vous avez franchi la passe de Wu, vous n'avez infligé aucune violence, mais aboli les dures lois de Ch'in, et donné au peuple un code de lois simple, réduit à trois articles, et il n'y eut personne du peuple de Ch'in qui ne voulût faire de vous son roi. Selon l'accord conclu entre tous les nobles, vous auriez dû être fait roi du territoire de la Passe, et les habitants de ce territoire le savaient tous. Et quand on vous ôta votre position et que vous vous retirâtes dans la région de Han, les habitants de Ch'in étaient tous emplis de ressentiment. Aujourd'hui, si vous levez votre armée et marchez vers l'est, vous pouvez vaincre les trois royaumes de Ch'in par simple proclamation ! »

Le roi de Han était transporté de joie et regrettait seulement d'avoir mis si longtemps à découvrir Han Hsin. Il décida de suivre la stratégie indiquée par Han Hsin et désigna à ses généraux les régions que chacun devait attaquer. Au cours du huitième mois, le roi de Han leva son armée, quitta Ch'en-ts'ang en marchant vers l'est et s'empara des trois royaumes de Ch'in.

Durant la deuxième année de Han, le roi quitta la Passe et prit le contrôle de Wei et de Honan. Les rois de Han et de Yin se rendirent tous deux à lui. Se joignant aux forces de Ch'i et de Chao, il attaqua Ch'u. Durant le quatrième mois il atteignit P'eng-Ch'eng, où ses forces furent vaincues et durent se retirer en désordre. Han Hsin rassembla un second ensemble de troupes et rejoignit le roi de Han à Jung-yang et, à nouveau, ils attaquèrent les armées de Ch'u dans les régions de Ching et de So. Le résultat de cette attaque fut que les armées de Ch'u furent incapables de progresser plus à l'ouest.

Lorsque l'armée de Han fut battue à P'eng-Ch'eng et battit en retraite, Ssu-ma Hsin, le roi de Sai, et Tung I, le roi de Ti, abandonnèrent Han et se soumirent à Ch'u. Ch'i et Chao se soulevèrent également contre Han et firent la paix avec Ch'u. Au sixième mois Pao, roi de Wei, demanda l'autorisation de retourner chez lui afin de s'occuper de ses parents souffrants mais, quand il atteignit son royaume, il supprima les gués sur la rivière Jaune, se révolta contre Han et conclut une alliance avec Ch'u. Le roi de Han dépêcha Maître Li I-chi pour tenter de le dissuader, mais il refusa d'écouter. Au huitième mois de cette année, Han Hsin fut fait Premier ministre de l'aile gauche et fut envoyé attaquer Wei. Le roi de Wei concentra ses forces à P'u-fan et organisa le blocus de Lin-Chin. Han Hsin mit alors en place une armée factice et aligna des bateaux comme s'il s'apprêtait à traverser la rivière à Lin-chin. Pendant ce temps, il envoya en secret d'autres troupes en passant par Hsia-Yang, où il leur fit traverser la rivière sur des radeaux et attaqua An-I. Pao, le roi de Wei, pris complètement au dépourvu, mena ses troupes contre Han Hsin, mais fut fait prisonnier. Han Hsin s'empara de Wei et en fit la province de Ho-tung.

Le roi de Han envoya Chang Erh rejoindre Han Hsin et, avec lui, mener des troupes vers le nord-est afin d'attaquer Chao et Tai. Durant le neuvième mois, ils vainquirent les troupes de Tai et firent Hsia Yüeh prisonnier à Yen-yü. Dès que Han Hsin eut conquis Wei et vaincu Tai, le roi de Han dépêcha quelqu'un prendre le commandement des meilleures troupes de Han Hsin et les ramener à Jung-yang pour aider au blocus contre Ch'u.

Han Hsin et Chang Erh se préparèrent à marcher vers l'est avec leur force de vingt à trente mille hommes, à travers la gorge de Ching pour attaquer Chao. Le roi de Chao et Ch'en Yü, seigneur de Ch'eng-an, apprenant que les forces de Han étaient sur le point de les attaquer, rassemblèrent une armée, composée en apparence de deux cent mille hommes, à l'entrée de la gorge. Li Tso-Ch'en, seigneur de Kwang-wu, conseilla ainsi Ch'en Yü : « On m'a rapporté que Han Hsin, général de Han, a franchi à gué la rivière Jaune vers l'ouest, fait prisonniers les rois de Wei et de Hsia Yüeh et versé le sang à nouveau à Yen-yü. Aujourd'hui, avec l'aide de Chang Erh, il a établi des plans visant à conquérir Chao. Il n'est pas possible de s'opposer à une armée comme la sienne, victorieuse et combattant loin de chez elle.

« J'ai entendu dire que, lorsque les vivres doivent franchir un millier de milles, les soldats ont l'air affamé et que, quand il faut rassembler du combustible pour faire la cuisine, l'armée s'endort rarement avec l'estomac plein. Or, la route qui traverse la gorge de Ching ne permet pas à deux chariots de circuler de front, ni même à deux cavaliers de chevaucher côte à côte. Lors d'une marche de plusieurs centaines de milles dans de telles conditions, il est certain que leurs vivres seront à l'arrière. Je vous prie donc de me confier une troupe de trente mille hommes légèrement équipés que je conduirai, par une route tenue secrète, afin de les couper de leurs chariots de ravitaillement. Pendant ce temps, si vous approfondissez vos douves, rehaussez vos remparts, renforcez votre camp et refusez le combat, ils seront devenus incapables d'avancer et combattre ou de faire retraite et regagner leur territoire. Avec ma force de surprise, je les couperai de leurs arrières et veillerai à ce qu'ils ne puissent rien retirer du pillage de la campagne et, avant dix jours, je vous apporterai la tête de leurs deux commandants que je déposerai au pied de vos étendards ! Je vous prie d'accorder votre attention à mon plan, car si vous ne le faites pas, vous finirez très certainement prisonnier entre leurs mains ! »

Mais Ch'en Yü était un confucianiste qui parlait toujours de ses « soldats de justice » et n'avait aucune pratique des plans complexes ou des stratégies sortant de l'ordinaire. « J'ai toujours entendu dire que dans l'art de la guerre, dit-il, si vous êtes dix fois plus nombreux que l'ennemi, vous l'encerclez, et que si vous êtes deux fois plus nombreux, vous livrez bataille. Or, bien que les forces de Han Hsin soient censées être de vingt ou trente mille hommes, elles ne dépassent en fait pas trois ou quatre mille soldats. En outre, il a franchi mille milles pour venir m'attaquer, et doit donc être passablement épuisé. Si je déclinais le combat et m'enfuyais en de telles circonstances, que pourrais-je faire à l'avenir face à des troupes plus nombreuses ? Les autres nobles me traiteraient de lâche et ne craindraient nullement de venir m'attaquer ! »

Il refusa ainsi de tenir compte du plan du seigneur de Kwang-wu, et la suggestion ne fut pas suivie d'effet. Han Hsin envoya des hommes espionner en secret et, lorsqu'ils apprirent que le plan du seigneur de Kwang-wu n'était pas suivi, ils s'en retournèrent et avisèrent Han Hsin. Il en fut transporté de joie et mena sans crainte ses troupes à travers la gorge. Alors qu'il était encore à trente li de l'entrée de la gorge, il s'arrêta et établit un bivouac. Durant la nuit, il fit passer l'ordre de mettre sur pied une troupe de deux mille cavaliers légers. Chaque homme devait porter un drapeau rouge et l'ensemble, progressant selon une route secrète, devait se dissimuler dans les montagnes et observer l'armée de Chao. « Lorsque les forces de Chao verront que je me retire, elles abandonneront certainement leurs fortifications pour venir à ma poursuite. Vous devrez alors entrer dans leurs murs à bride abattue, mettre à bas les drapeaux de Chao, et planter les drapeaux rouges de Han à la place », leur dit-il. Puis il ordonna à ses généraux de distribuer un repas léger, et leur dit : « Aujourd'hui nous allons défaire Chao et festoyer ensemble ! » Aucun de ses généraux ne croyait au succès de son plan, mais ils feignirent d'y adhérer et répondirent : « Très bien. »

Han Hsin s'adressa à ses officiers, déclarant : « Les forces de Chao ont déjà construit leurs fortifications sur une position avantageuse. En outre, ils refuseront d'attaquer notre colonne tant qu'ils n'auront pas vu les étendards et les tambours de notre général en chef, de crainte que celui-ci n'aperçoive la difficulté de l'entreprise et recule dans la gorge. » Han Hsin envoya donc en avant dix mille hommes sortir de la gorge et se mettre en rang le dos à la rivière qui coule dans la gorge. L'armée de Chao, voyant cela de loin, éclata de rire [1].

À l'aube, Han Hsin déploya les étendards du général en chef, ordonna que les tambours se mettent à rouler, et sortit de la gorge. L'armée de Chao ouvrit les portes et se lança à l'attaque, et les deux armées combattirent longtemps avec fougue. À ce moment, Han Hsin et Chang Erh abandonnèrent étendards et tambours et s'enfuirent vers les troupes placées le long de la rivière. Les colonnes s'écartèrent pour les recevoir, et la bataille continua à faire rage. Comme Han Hsin l'avait prévu, les forces de Chao abandonnèrent complètement leurs fortifications dans leur désir de s'emparer des étendards de Han et de poursuivre Han Hsin et Chang Erh. Avec ceux-ci dans ses rangs, cependant, l'armée postée le long de la rivière était déterminée à combattre jusqu'à la mort, et ne put être défaite.

Pendant ce temps, la force surprise de deux mille cavaliers que Han Hsin avait expédiée, ayant attendu que les forces de Chao aient quitté leur camp pour tirer parti de son avantage, se rua dans les fortifications de Chao, abattit les étendards et planta à la place deux mille emblèmes de Han. Les forces de Chao, incapables de remporter la victoire et de capturer Han Hsin et ses suivants, s'apprêtaient à rejoindre leurs fortifications lorsqu'elles découvrirent que les murs arboraient les drapeaux rouges de Han. Les soldats furent remplis d'effroi et, en concluant que l'armée de Han avait déjà capturé les généraux du roi de Chao, se débandèrent, paniqués, dans toutes les directions. Les généraux de Chao eurent beau les tuer sur place, ils ne parvinrent pas à faire cesser la déroute. Dès lors, les forces de Han s'approchèrent de part et d'autre, battirent et capturèrent l'armée de Chao, exécutèrent Ch'en Yü sur la rive de la rivière Ch'ih, et firent

1. L'art militaire chinois avait pour axiome de ne jamais combattre le dos à un cours d'eau.

prisonnier Hsieh, le roi de Chao. Han Hsin donna ordre à son armée de ne pas tuer le seigneur de Kwang-wu, et offrit une récompense de cent cattys d'or à l'homme qui pourrait le capturer vivant. Le seigneur de Kwang-wu fut pris et mené au général en chef. Han Hsin défit ses liens, le fit asseoir dans le siège d'honneur qui faisait face à l'est, le traitant avec le respect dû à un maître. Les différents généraux arrivèrent pour présenter leurs prisonniers et les têtes de leurs victimes, puis se reposèrent de leurs tâches et se joignirent aux félicitations transmises à Han Hsin pour la victoire.

Tirant profit de l'occasion, ils se mirent à questionner Han Hsin. « Selon *L'Art de la guerre*, il convient de garder les collines sur sa droite ou ses arrières, et les cours d'eau devant soi ou sur sa gauche, dirent-ils. Mais aujourd'hui vous nous avez au contraire ordonné de nous aligner le dos à la rivière, déclarant : "Nous allons vaincre Chao et festoyer ensemble !" Nous étions opposés à cette idée, et pourtant elle fut couronnée de succès. De quelle sorte de stratégie relève-t-elle ?

— Cela se trouve également dans *L'Art de la guerre*, répondit Han Hsin. Vous avez simplement manqué de le remarquer ! *L'Art de la guerre* ne dit-il pas : "Jetez-les dans une situation périlleuse, elles en réchappent ; placez-les en terrain mortel, et elles subsisteront" ? En outre, je n'avais pas à ma disposition les troupes que j'avais entraînées et menées par le passé, mais j'étais contraint, comme l'on dit, de rassembler des hommes sur la place du marché et de les envoyer au combat. Dans de telles conditions, si je ne les avais pas placés dans une situation désespérée où chaque homme est obligé de combattre pour sa propre vie, mais si au contraire je les avais laissés demeurer en un endroit sûr, ils auraient tous déguerpi. À quoi m'auraient-ils alors servi ?

— Naturellement ! s'exclamèrent ses généraux remplis d'admiration. Nous n'y aurions jamais songé. »

Alors Han Hsin interrogea le seigneur de Kwang-wu. « Je compte marcher vers le nord et attaquer Yen, et de là progresser vers l'est pour attaquer Ch'i. Comment y parvenir dans les meilleures conditions ? »

Le seigneur de Kwang-wu, cependant, se garda de répondre, déclarant : « Le général d'une armée vaincue, dit-on, n'est pas qualifié pour parler de bravoure, pas plus que le ministre d'une nation perdue n'est en mesure d'établir des plans de survie. Dans ma situation de vaincu prisonnier, quelle serait la valeur de mes opinions à propos de décisions d'une si grande portée ? »

Han Hsin répondit : « J'ai entendu dire qu'alors que Po-li Hsi vivait à Yü, Yü fut détruite, mais que quand il était à Ch'in, Ch'in devint une grande puissance. Ce n'est pas parce qu'il était stupide à Yü et brillant à Ch'in. C'est simplement parce que dans un cas on a su l'employer et dans l'autre non. En fait, si Ch'en Yü avait tenu compte de votre plan, c'est moi qui serais actuellement votre prisonnier. C'est justement parce qu'il n'a pas su vous utiliser que j'ai l'honneur de faire appel à vous maintenant. » Han Hsin continua à le presser de répondre, déclarant : « Je laisserai mes opinions de côté et ferai ce que vous me suggérez. Je vous prie de ne pas demeurer silencieux plus longtemps.

— On dit, répondit le seigneur de Kwang-wu, que, parmi les idées des plus sages des hommes, une sur mille est vouée à l'échec, tandis que pour le plus idiot une sur mille rencontrera le succès. C'est pour cela que l'on dit qu'un sage tirera quelque chose même des paroles d'un fou. Je doute que l'un quelconque des plans que je pourrais suggérer mérite considération, mais je vais mettre à votre service mes faibles capacités.

« Ch'en Yü avait un plan qui paraissait assurer une centaine de victoires en autant de batailles, et en une matinée il fut mis en échec, son armée fut vaincue devant les murs de Ho, et il rencontra lui-même la mort sur la berge de la rivière Ch'ih. De votre côté, vous avez franchi la rivière Jaune vers l'ouest, fait prisonnier le roi de Wei, capturé Hsia-Yüeh et Yen-yü, parcouru d'une traite la gorge de Ching et, avant la fin de la matinée, vaincu la puissante armée de deux cent mille hommes de Chao et exécuté Ch'en Yü. La terre résonne de votre nom et votre puissance emplit de crainte le monde. Les fermiers ont quitté leurs sillons et rangé leurs houes, prévoyant l'arrivée prochaine de vos troupes, et ont revêtu leurs plus beaux habits et festoient tant qu'ils peuvent, prêts à exécuter vos ordres. Tel est l'état de votre puissance aujourd'hui.

« D'un autre côté, vos troupes sont usées, et dans les faits difficilement utilisables. Or, vous envisagez de mener cette force d'hommes harassés et abrutis, et de les épuiser encore davantage devant les puissantes murailles de Yen. Dans ces conditions, quelle que soit la durée du combat, vos forces ne parviendront pas à en venir à bout. Le caractère désespéré de votre situation apparaîtra avec le déclin de votre puissance, les jours passeront sans progrès alors que vos vivres fondront, et Yen, bien qu'affaibli, ne se soumettra pas. Pendant ce temps, Ch'i garnira certainement ses frontières et renforcera ses défenses et, Ch'i et Yen se soutenant mutuellement et refusant de capituler, le roi de Han et Hsiang Yü continueront à se faire face sans résultat décisif, et sans que leur destinée semble devoir jamais être réglée. Ainsi se présente la faiblesse de votre situation. À mon humble avis, la décision de poursuivre la campagne serait une erreur, car l'homme expert à l'usage des armes n'attaque jamais la force avec la faiblesse, mais seulement la faiblesse avec la force.

— Quelle décision devrais-je prendre ? demanda Han Hsin.

— Si je devais vous suggérer un plan, répondit le seigneur de Kwang-wu, je dirais que la meilleure solution est de faire stopper votre armée et d'accorder du repos à vos soldats. Patrouillez le territoire de Chao et réconfortez les orphelins de la bataille d'aujourd'hui. Faites venir chaque jour des alentours des bœufs et du vin et laissez officiers et soldats festoyer, et orientez-les vers le nord, en direction des routes menant à Yen. Par la suite, vous pourrez dépêchez vos rhétoriciens porteurs de documents prouvant combien votre puissance est supérieure à celle de Yen, et Yen ne pourra se permettre de faire la sourde oreille. Quand Yen se sera soumis, vous pourrez envoyer vos propagandistes vers l'est parler à Ch'i, et Ch'i sera également contraint par le cours des événements à se soumettre, car même les conseillers les plus brillants de cet État ne pourront envisager d'autre solution. Vous pourrez ainsi imposer votre volonté à tout l'empire. À la guerre, l'important est d'abord de se faire connaître et d'agir ensuite. C'est pour cela que je vous ai suggéré ce plan. »

Han Hsin approuva ce plan et lança son application, expédiant un messager à Yen. Yen s'inclina devant l'exposé de la puissance de Han Hsin et se soumit. Han Hsin envoya un courrier rendre compte de cela au roi de Han et demander en même temps que Chang Erh soit fait roi de Chao afin de pacifier la région et d'y rétablir l'ordre. Le roi de Han donna son accord et nomma Chang Erh roi de Chao.

Ch'u envoyait de temps à autre des raids attaquer Chao,

mais Chang Erh et Han Hsin, alternant progressions et retraites, parvinrent à conserver Chao, à prendre petit à petit le contrôle de ses villes et, finalement, à envoyer des troupes aider le roi de Han, qui était à l'époque encerclé dans le Jung-Yang et sérieusement menacé par les armées de Ch'u. Le roi de Han s'échappa au sud vers les territoires de Yüan et She, où il obtint l'aide de Ch'ing Pu, puis gagna la sécurité à Ch'eng-kao. Les forces de Ch'u l'encerclèrent et le mirent à nouveau en péril. Durant le sixième mois, le roi de Han s'enfuit de Ch'eng-kao, gagna la rive est de la rivière Jaune et, accompagné seulement du seigneur T'eng, rejoignit l'armée de Chang Erh à Hsiu-wu. Quand il arriva, il s'arrêta pour la nuit à un relais de poste et, le lendemain à l'aube, se présentant comme un envoyé du roi de Han, se hâta dans le camp de Chao. Alors que Chang Erh et Han Hsin étaient encore au lit, il pénétra dans leurs chambres, s'empara de leurs sceaux de commandement et, à l'aide de ceux-ci, convoqua tous les généraux et commença à leur affecter de nouveaux postes. Quand Han Hsin et Chang Erh se réveillèrent et virent que le roi de Han était arrivé, ils furent ébahis. Le roi de Han s'empara alors des armées des deux hommes, ordonnant à Chang Erh de lever des hommes et de garder la région de Chao, et faisant de Han Hsin son Premier ministre, avec ordre de former une armée à partir des hommes de Chao qui n'avaient pas encore été enrôlés et de se mettre en route pour attaquer Ch'i.

Han Hsin conduisit ses troupes vers l'est mais, avant d'avoir traversé la rivière Jaune au gué de P'ing-yüan, il apprit que le roi de Han avait envoyé Li I-chi négocier avec Ch'i et que cet État s'était déjà soumis. Han Hsin voulait arrêter l'avance de son armée, mais Kwai T'ung, un rhétoricien de Fan-yang, lui conseilla de n'en rien faire. « Vous avez reçu du roi l'ordre d'attaquer Ch'i. Entre-temps, le roi a de son côté dépêché un envoyé secret pour demander à Ch'i de se soumettre. Mais il n'y a eu aucune instruction émanant du roi vous demandant d'arrêter, n'est-ce pas ? Comment pourriez-vous faillir à votre mission ? De plus, cet homme, maître Li I-chi, en s'inclinant cérémonieusement depuis son équipage et en agitant sa maigre langue, a conquis les soixante-dix cités de Ch'i, alors que vous, avec votre armée composée de milliers d'hommes, avez mis plus d'un an à prendre le contrôle des cinquante cités de Chao. Se pourrait-il que ce que vous avez accompli en plusieurs années en tant que général ne puisse égaler les résultats obtenus par un malheureux confucianiste ? »

Persuadé par ses arguments, Han Hsin suivit son conseil et entreprit de traverser la rivière Jaune. Ch'i, dans l'intervalle, s'étant soumis aux persuasions de maître Li, le régalait de vins et de fêtes et avait, dans le même temps, dispersé les défenses préparées contre les armées de Han. Han Hsin fut ainsi capable d'attaquer l'armée de Ch'i à Li-hsia et de continuer à avancer jusqu'à Lin-tzu. T'ien Kuang, le roi de Ch'i, en conclut que maître Li l'avait trahi, le fit ébouillanter vif puis s'enfuit à Kao-mi, d'où il envoya un messager à Ch'u pour demander de l'aide.

Après sa conquête de Lin-tzu, Han Hsin continua vers l'est à la poursuite de T'ien Kuang jusqu'à l'ouest de Kao-mi. Ch'u envoya son général Lung Chü avec une force réputée de deux cent mille hommes à l'aide de Ch'i. Le roi de Ch'i et Lung Chü et leurs deux armées s'approchèrent des forces de Han Hsin mais, avant que les armées ne s'affrontent, quelqu'un conseilla ainsi Lung Chü : « Les soldats de Han, livrant bataille loin de leur terre natale, combattront jusqu'à la mort. On ne peut s'opposer à eux en combat. Ch'i et Ch'u, en revanche, combattent sur leur propre sol, et leurs soldats peuvent aisément s'enfuir si la bataille tourne mal. Il vaudrait mieux renforcer vos fortifications et faire envoyer par le roi de Ch'i ses ministres les plus dignes de confiance pour obtenir le ralliement des cités perdues de Ch'i. Si les cités perdues apprennent que leur roi est toujours vivant et qu'il a obtenu l'aide de Ch'u, elles se soulèveront certainement contre l'armée de Han. Les soldats de Han ont parcouru mille milles en terre étrangère. Si les cités de Ch'i se soulèvent toutes contre l'armée de Han, celle-ci se retrouvera sans moyens de nourrir la troupe, et pourra être battue sans combat. » Lung Chü répondit : « Je sais depuis longtemps quelle sorte d'homme est Han Hsin. Il est assez facile de traiter avec lui. Cependant, maintenant que je suis venu à la rescousse de Ch'i, si je devais le vaincre sans combattre, quel mérite retirerais-je de cette expédition ? Alors que si je le combats et remporte la victoire, la moitié de Ch'i peut être à moi. Pourquoi devrais-je m'arrêter maintenant ? »

Il livra finalement bataille avec Han Hsin, les deux armées se faisant face sur les rives opposées de la rivière Wei. Durant la nuit, Han Hsin ordonna à ses hommes de fabriquer plus de dix mille sacs, de les remplir de sable, et de bloquer le cours de la rivière en amont. Puis il lança son armée à l'attaque de Lung Chü, jusqu'à ce qu'elle atteigne le milieu du lit de la rivière et, laissant croire qu'il se reconnaissait vaincu, revint en s'enfuyant vers la berge. Ainsi que Han Hsin l'espérait, Lung Chü s'exclama avec délice : « J'ai toujours su que Han Hsin était un lâche ! », et poursuivit aussitôt Han Hsin en traversant la rivière. Han Hsin ordonna alors à ses hommes de démanteler le barrage de sacs de sable. L'eau se rua et empêcha la majeure partie de l'armée de Lung Chü de franchir la rivière. Han Hsin se rapprocha à grande vitesse et tua Lung Chü, pendant que les hommes de ce dernier qui avaient pu prendre pied sur la rive est s'enfuyaient en désordre. T'ien Kuang, le roi de Ch'i, s'enfuit également. Han Hsin poursuivit l'armée défaite jusqu'à Cheng-yang, où il captura tous les soldats de Ch'u.

Records of the Grand Historian of China,
The Shih Chi of Ssu-Ma Ch'ien
(trad. Burton Watson),
Columbia University Press, New York, 1961,
traduit de l'anglais par Claude Esmein.

ALAIN JOXE

SUN ZI, L'ART DE LA GUERRE

Cela fait maintenant plus de deux cents ans que Sun Zi est connu en Occident et, notamment, en France [1]. La première publication, celle du père Amiot au XVIIIe siècle, que Bonaparte avait sans doute lue, souffre d'un vieillissement certain, à la fois du fait des contresens — parfois plus apparents que réels — qu'y introduisent la langue et la rhétorique du XVIIIe siècle, et par l'intention de l'éditeur, plus pédagogique que philologique. La traduction anglaise de Griffith, préfacée par le célèbre stratège britannique B.H. Liddel Hart et parue en français, traduite de l'anglais, est la seule qui s'accompagne des commentaires anciens associés à l'œuvre et traditionnellement publiés en même temps qu'elle pour l'éclairer. La troisième traduction — la première traduite directement du chinois depuis Amiot —, parue en 1988, est celle de Valérie Niquet-Cabestan. La consultation en triptyque de ces trois versions demeure indispensable au lecteur « stratégiste » — s'il n'est pas sinologue — pour comprendre

1. [Les notes de cet extrait proviennent de l'édition d'origine.]

Il existe maintenant trois éditions de Sun Zi en français : Sun Tze, *Les Treize Articles*, VIe-Ve siècle avant J.-C., tiré de la version Amiot (1772) refondue et augmentée d'après les manuscrits chinois de 812 et 983 après J.-C. publiés en 1859, 1910, 1935 et 1957. Édition préparée par Monique Beuzit, Roberto Caceres, Paul Maman, Luc Thanassecos et Tran Ngoc An. Paris, L'Impensé radical, 1971, 163 p. Cette édition qui reprend en grande partie le texte d'Amiot n'a rien d'une édition critique ; Sun Tzu, *L'Art de la guerre*, préface et introduction de Samuel B. Griffith, avant-propos de B.H. Liddel-Hart, traduit de l'anglais par Francis Wang, Paris, Flammarion, Textes politiques, 1972, 266 p. (traduit de *The Art of War*, UNESCO, Collection of Representative Works, Chinese Series ed. Oxford at the Clarendon Press, 1863 ; Sun Zi, *L'Art de la guerre*, traduction et édition critique par Valérie Niquet-Cabestan, introduction de Maurice Prestat, Paris, Economica, Bibliothèque stratégique, 1988, 107 p., notes, bibliographie (présentation par Valérie Niquet-Cabestan).

un texte qui demeure, avec *De la guerre* de Clausewitz, une des deux théories de la guerre de la culture mondiale.

De quelle époque date Sun Zi ? Les détails militaires qu'on trouve dans le texte lui-même plaident, semble-t-il, en faveur du Ve siècle [1]. Cela se sent, à la fois, au niveau des effectifs, des tactiques et des stratégies. Dès la fin du VIe siècle, en effet, la guerre, menée naguère en une seule bataille cérémonielle entre principautés nobles, fait place à des campagnes plus longues, dirigées par des techniciens et groupant des armées dépassant 10 000 hommes. Même si le chiffre de 100 000 hommes, mentionné par Sun Zi pour une armée de campagne, représente une échelle d'effectifs plus caractéristique de l'époque des « Royaumes combattants » que de l'époque « Printemps et Automnes », la transition entre les deux périodes est déjà amorcée et le sens de l'accroissement des échelles est déjà intervenu dans la conscience rationalisante des théoriciens. On a, en Grèce (sensiblement à la même époque), des exemples d'une attraction des chiffres ronds « exagérés » symbolisant la croissance de l'échelle de la guerre.

À la fin du VIe siècle, la charrerie noble ne combat déjà plus que démontée, du moins dans les zones accidentées des « barbaries » intérieures à la confédération chinoise, et elle cède finalement à l'infanterie une prééminence dans la guerre, qu'on note dans Sun Zi. La cavalerie (dont Sun Zi ignore

1. Mme Niquet-Cabestan prend position, comme il est de rigueur, sur la date à laquelle vécut Sun Zi ou, du moins, à laquelle furent écrits *Les Treize Articles* : elle opte pour le Ve siècle, soit la charnière entre la période « Printemps et Automnes » et la période des « Royaumes combattants » (qui commence en 453 av. J.-C.). À la fois contre l'opinion hypercritique de Griffith, qui situe l'écriture de *L'Art de la guerre* au IVe siècle, et contre celle, traditionnelle, indiquée par Sima Qian (Ssu Ma Ch'ien), au Ier siècle av. J.-C. Cette troisième traduction s'en tient au seul texte de Sun Zi : elle renonce malheureusement à la publication simultanée des dix commentateurs anciens — traditionnelle depuis l'édition officielle de Sun Xingyan (1752-1818) sous la dynastie mandchoue —, et qu'on ne trouvera donc que dans la traduction de Griffith en français. C'est également Griffith seul qui donne, rarement, à propos de certains passages particulièrement litigieux, le caractère chinois correspondant au terme choisi en français. Comme le chinois ancien est au moins autant une sténographie conceptuelle qu'une langue, il devient clair pour le lecteur qu'il nous faut attendre encore une vraie publication critique de Sun Zi bilingue ou trilingue (latin) et juxtalinéaire.

l'usage) n'apparaît qu'en 320 en Chine, au contact des nomades du Nord [1]. Ce n'est certes pas un hasard si les penseurs de la guerre surgissent toujours au moment où l'infanterie et la guerre de masse rendent le système de la guerre proprement *stratégique*, c'est-à-dire semblable à un art politique rationnel et, de toutes manières, éminemment dépendant de l'accord politique entre les classes, les ressources et les objectifs d'une société. Un « passage » de même type a donné, en Grèce, Xénophon et Énée le tacticien ; à la Renaissance — qui est aussi la renaissance de l'infanterie — on a Machiavel ; et on a Clausewitz, avec les colonnes révolutionnaires et les guerres de l'Empire. Les chantres de l'infanterie sont liés à la conceptualisation du principe qui permet de comprendre l'union des soldats avec l'objectif du Prince.

Ce qui pousse Sun Zi au premier rang des penseurs de l'histoire du monde, c'est qu'il cherche explicitement à substituer à la mantique traditionnelle, l'évaluation rationnelle des chances de gagner une guerre. Les rois et princes avaient pour coutume, avant de partir en guerre, de consulter des oracles. Ces prévisions étaient fondées sur l'interprétation des fendillages qui apparaissent sur les carapaces de tortues jetées au feu. La tortue étant une représentation de l'univers (rond-ciel au-dessus, carré-terre au-dessous), chaque emplacement y avait sa correspondance symbolique avec l'ordre de l'univers, avec les kouas du *Yi-king*, et les signes qui apparaissent sous l'effet de la chaleur pouvaient donc être interprétés.

Avec Sun Zi, l'objet à examiner, ce n'est plus l'écaille de tortue ou le tableau des signes tirés au hasard par les méthodes de consultation du *Yi-king*, mais c'est le monde tel qu'il est, avec ses terrains, ses saisons, les armées telles qu'elles sont, les généraux tels qu'ils sont, leurs mouvements tels qu'on doit les observer avec attention.

Mais ce qui fonde cette pensée chinoise de la guerre, c'est que le *monde* en guerre est interrogé avec le même type de

1. On doit renoncer, depuis 1972, à un des éléments qui plaidait en faveur d'une datation tardive de Sun Zi, à savoir l'identification à Sun Bin, autre auteur militaire dont l'œuvre était perdue mais qui avait certainement vécu au IVe siècle : on a retrouvé à cette date, dans une tombe de l'époque Han, un tiers de l'œuvre de Sun Zi sur tablettes, accompagné de l'œuvre perdue de Sun Bin.

méthodes, de concepts, de catégories et d'approche globale que ceux mis en œuvre depuis la plus haute Antiquité par les connaisseurs du *Yi-king*. Le traité de Sun Zi est un traité de mantique d'un nouveau genre : « Moi je peux voir qui vaincra et qui sera vaincu en évaluant les adversaires selon mes critères » (N.C. I, 6), proclame-t-il avec orgueil. Mais, en même temps, il dit que « la guerre est l'art de duper » (N.C. I, 5) et qu'en donnant toujours l'apparence contraire de ce qu'on est, on augmente les chances de victoire, mais qu'« on ne peut rien dire à l'avance ». Autrement dit, pour Sun Zi, la consultation de type mantique se poursuit pendant les opérations.

Cette spécificité et cet archaïsme ne facilitent pas, bien entendu, la traduction de cet auteur. Son texte bref et dense, et qui demeure parfois énigmatique, est profondément taoïste mais paraît hésiter entre une orientation vers la rigidité des châtiments et récompenses de l'école des légistes et la modération « par les rites » du confucianisme. Il est regroupé traditionnellement en treize articles dont les titres sont traduits de manière divergente par nos trois traductions. (Voir p. 123.)

L'article Ier : Dans le premier « article » (« *des plans* » (Niquet-Cabestan) ; *« de l'évaluation »* (Amiot) ; « *approximations* » (Griffith [1]), Sun Zi annonce que la guerre est importante pour l'État car c'est sur ce terrain que se jouent sa vie et sa mort. C'est pour établir fermement que la conduite de la guerre est un art fondé sur la duperie et le calcul rationnel, voire même une forme de calcul des probabilités. Pratiquée dans un temple avant la décision de guerre, l'évaluation préalable qu'il recommande doit être rationnelle et non pas de l'ordre de la mantique. Dans ce but, la guerre peut être codifiée, nous dirions mise sur ordinateur pour simulation grâce à un logiciel intégrant cinq « variables [2] » et en y affrontant « sept questions [3] ».

1. Mais il rectifie : « calculs, plan, supputations » et même « appréciation de la situation » (en note).
2. Selon V. Niquet-Cabestan ; ou « choses principales » (Amiot) ou « facteurs fondamentaux » (Griffith).
3. Selon V. Niquet-Cabestan ; ou « éléments » (Griffith).

TABLEAU I - *Titres des treize articles*

Amiot	*Griffith*	*Niquet-Cabestan*
— de l'évaluation	— approximations	— des plans
— de l'engagement	— la conduite de la guerre	— des opérations militaires
— des propositions de la victoire et de la défaite	— la stratégie offensive	— de l'offensive par les plans
— de la mesure dans la disposition des moyens	— dispositions	— des circonstances
— de la contenance	— énergie	— les forces
— du plein et du vide	— points faibles et points forts	— du vide et du plein
— de l'affrontement direct et indirect	— manœuvre	— de la lutte armée
— des neuf changements	— les neuf variables	— des neuf variables
— de la distribution des moyens	— marches	— de la tactique
— de la topologie	— le terrain	— de la configuration du terrain
— des neuf sortes de terrains	— les neuf sortes de terrains	— des neufs territoires
— de l'art d'attaquer par le feu	— l'attaque par le feu	— de l'attaque par le feu
— de l'utilisation des espions	— l'utilisation des agents secrets	— de l'utilisation des espions
Les titres des articles 2, 8, 9, 10, 11, 12, 13 sont à peu près équivalents dans nos trois versions. Les articles 1, 4 et 5 apparaissent sous des intitulés très différents chez les trois. Les intitulés des articles 3, 6 et 7 sont en décalage et posent problème.		

TABLEAU 2 — *Traductions concurrentes des « cinq variables »*

Amiot	*Griffith*	*Niquet-Cabestan*	
La doctrine	L'influence morale	La vertu	Tao
Le temps	Les conditions atmosphériques	Le ciel	Tien
L'espace	Le terrain	Le terrain	
Le commandement	Le commandement	Le général	
La discipline	La doctrine	La méthode	

La traduction d'Amiot adopte une hiérarchie cohérente : le mot « doctrine » au sens du XVIIIe siècle, tout pénétré de sagesse antique et ecclésiastique, a été adopté pour transcrire l'esprit du Tao : c'est la voix du prince qui dépasse sa personne ; il l'organise autour de deux savoirs fondamentaux (du siècle des Lumières), l'espace et le temps, tandis que, au-dessous, le général est chargé seulement de la discipline. Le terrain, qu'il soit aisé, accidenté ou fractionné, n'est pas qu'un espace géographique mais un espace cérémoniel, en quelque sorte, *commun à la nature et aux armée* : certes on n'est pas dans un espace-temps euclidien, mais dans un temps et un espace structurés par les agissements incessants de la nature et de l'homme. On ne peut ravaler la chose d'emblée à l'empirisme le plus prosaïque, aux « conditions météo » *(weather)* et aux questions de relief et de modelé (qui paraissent dominer la traduction de Griffith), même si « ciel » et « terre » c'est aussi cela.

Le sujet de l'article I, me semble-t-il, n'est pas simplement l'énoncé d'une méthode pour « l'appréciation de la situation », l'« approximation » du réel [1], mais c'est aussi et plutôt l'affirmation du principe même d'une légitimité de l'étude rationnelle de la guerre comme *discipline de la mise en jeu de la vie et de la mort de la société.* De là vient qu'il y ait, non seulement une énumération, mais une hiérarchie des cinq critères unilatéraux :

1. Tao 2. Ciel 3. Terre 4. le général 5. La méthode

Tout d'abord une triade : (1. Tao, 2. Ciel, 3. Terre), trois données du domaine du souverain politique ; puis une dyade (4. Le général, 5. La méthode), deux critères propres aux armées en opération.

Quant aux sept questions qu'il faut poser aux cinq variables, ce sont d'abord des questions *comparatives*, interactionnelles, bilatérales, au niveau des cinq critères (regroupés en quatre et rangés dans un autre ordre par le texte).

Les deux niveaux dirigeants :

1. Quel des deux souverains possède le Tao ?
2. Quel des deux généraux est le plus capable ?

Le niveau « données naturelles » :

3. Quelle des deux armées a pour elle l'avantage du ciel-weather-temps ? et l'avantage de la terre-territoire-espace ?

1. Griffith, p. 95, n. 1.

Le niveau « données culturelles » :

4. Laquelle a la meilleure méthode-doctrine-discipline-commandement ?

Puis viennent trois questions supplémentaires portant sur les données purement militaires (effectifs, entraînement, discipline) :

5. Quelle armée est la plus puissante en nombre ?
6. Quels soldats sont les mieux entraînés ?
7. Qui distribue, avec le plus de clairvoyance, récompenses et châtiments ?

Seule, la dernière question est posée dans une problématique évoquant celle de l'école des légistes. Mais les récompenses et châtiments sont, ici, la mesure de la discipline militaire seulement. Celle-ci demande autre chose que de la rigueur, la « clairvoyance » dans l'application des sanctions (sinon on peut perdre le moral de l'armée). La clairvoyance dans l'application n'est pas du tout la problématique « légiste [1] ». Le général, en possession de ce modèle de questionnaire et de cette méthode d'enquête sur le réel, peut éventuellement *désobéir sans risque* au souverain vacillant ou mal informé.

Reprenons simplement les trois premiers de ces cinq critères.

Le Tao [2]. Il s'agit de « l'harmonie entre le peuple et les dirigeants qui fait que le peuple combattra à la vie à la mort » et non pas du rôle d'entraînement actif et moral du prince [3]. Le Tao n'a rien qui *dérive* de la bonté du prince (au sens où Sun Zi parle plus loin de l'autorité du général s'exerçant à la discipline), mais représente le libre laisser-faire de la société

1. L'extrême rigueur dans l'établissement de la discipline, que la « biographie » légendaire de Sun Zi nous raconte, ne se justifie que par l'extrême difficulté de la tâche proposée : transformer la troupe des favorites de l'empereur en unité militaire disciplinée.

2. Le Tao apparaît curieusement traduit chez V. Niquet-Cabestan par Vertu (réservé naguère au *Te* du *Tao Te King*). Certes, *vertu* (au sens de *virtù* machiavélienne) est un terme préférable à celui d'« influence morale » adopté par la version Griffith : celui-ci donne du tao une version active hiérarchisée et personnelle, presque contraire au texte.

3. La citation du *Yi-king (Livre des métamorphoses)*, proposée comme commentaire pertinent par le commentateur Chun Yu (publié par Griffith), permet toutefois de rectifier l'interprétation (« tout à la joie de surmonter les difficultés, le peuple oublie le danger de mort »).

civile entière qui se mobilise entièrement pour sa survie à travers la guerre, s'il le faut, sans différence de tension avec celle de toute autre tâche collective. Le Tao du « prince » en tout cas est bien autre chose que celui d'un général juste aimé de ses troupes. Amiot l'avait parfaitement rendu dans sa traduction jésuitique (« la Doctrine fait naître l'unité de pensée, elle nous inspire une même manière de vivre et de mourir et nous rend intrépides et inébranlables dans les malheurs et dans la mort »).

Amiot a su, mieux que son successeur britannique, rendre que le « temps » de Sun Zi n'était pas seulement le « temps qu'il fait », *weather* ; le soleil et la pluie du texte représentent aussi, de manière emblématique, le yang et le yin, un savoir de la dialectique et de l'alternance des temps forts et des temps faibles [1].

Enfin l'espace : « Le *terrain* peut être lointain ou proche, difficile ou facile, vaste ou resserré, fatal ou favorable » (V. Niquet-Cabestan) : Amiot parle de « l'Espace » dont l'étude donne connaissance « du haut et du bas, du loin et du près, du large et de l'étroit, de ce qui demeure et de ce qui ne fait que passer ». Griffith traduit « les distances, la facilité ou la difficulté de les parcourir, le caractère vaste ou resserré du terrain, les chances de vie ou de mort qu'il offre ».

TABLEAU 3 — *Les quatre « polarités » de l'Espace*

	1	*2*	*3*	*4*
Amiot	loin près	haut bas	large étroit	ce qui demeure ce qui ne fait que passer
Griffith	distances	facilité difficulté	vaste resserré	chances de vie chances de mort
Niquet-Cabestan	lointain proche	difficile facile	vaste resserré	favorable fatal

1. Amiot : « Si nous connaissons bien le temps, nous n'ignorerons point ces deux grands principes Yin et Yang par lesquels toutes les choses naturelles sont formées, nous saurons le temps de leur union et de leur mutuel concours pour la production du froid, du chaud, de la sérénité ou de l'intempérie de l'air. »

On vérifie, quel que soit le sens préférable pour chacune de ces échelles qualitatives polarisées, que l'espace chinois est analysable comme variété de domaines et de sites, et qu'il « se conduit » selon son espèce, comme un acteur contre lequel se bat l'armée en campagne (ou avec lequel elle s'allie).

L'article II : « *de l'engagement* », Amiot ; « *la conduite de la guerre* », Griffith ; « *des opérations militaires* », V. Niquet-Cabestan. Son titre est parfaitement trompeur. Là où Sun Zi paraît annoncer un chapitre sur les opérations militaires, il traite en vérité uniquement du critère logistique de l'économie de la guerre ; une distinction stocks-flux, une comptabilisation des biens et des hommes. Le principe premier est qu'il faut éviter au maximum les destructions de biens, y compris les hommes, y compris les soldats de l'ennemi, dont les prisonniers doivent être bien traités pour être éventuellement réembauchés dans l'armée victorieuse. C'est pour cette raison permanente dérivant du critère économique et d'une logistique sociale globale que Sun Zi se prononce contre toute guerre *prolongée.*

L'article III est un des plus subtils et il n'y est pas fondamentalement question de stratégie offensive[1] ni de « l'offensive par les plans », mais de neutralisation des plans de défense ennemi. Sun Zi recommande, à la guerre, de « s'attaquer aux plans de l'ennemi » avant toute chose (c'est-à-dire avant de s'attaquer à ses moyens concrets : à ses alliance, à ses armées, à ses villes fortifiées). Le but est de parvenir éventuellement à soumettre l'ennemi par la guerre, certes, mais sans combattre, ce qui est beaucoup plus avantageux que de le détruire. Il décrit donc un moment de la guerre qui se situe dans l'entre-deux de la manœuvre menaçante et du combat : l'avantage, dans cet espace-temps, doit être recherché par la connaissance de soi-même et celle de l'ennemi, qui permet de mener la guerre sans risques.

S'il est vrai que le bon stratège soumet l'ennemi sans combattre, il est clair que, dans cette forme de « guerre », le prince peut nuire à l'armée en se mêlant de donner, depuis l'arrière, des ordres à son général. On admettra qu'il n'existe

1. L'expression « l'offensive par les plans » choisie par V. Niquet-Cabestan me paraît introduire de la confusion.

plus, de nos jours, une telle différence d'information entre le souverain et le général quant aux circonstances du théâtre d'opérations, et que l'entre-deux stratégique que décrit Sun Zi peut être géré par le souverain politique. Le souci du commandement nucléaire est de ne pas relâcher un instant son contrôle sur l'emploi du nucléaire de champ de bataille par les généraux. Mais, en outre, cet article s'applique à ce que j'appellerais la dissuasion nucléaire structurelle : celle qui porte non pas sur les actions militaires en cours mais en amont de l'action, et même en amont de tout déplacement physique, la dissuasion qui porte sur les plans du commandement politique ennemi, c'est-à-dire sa « capacité *stratégique* latente » d'engager rationnellement le combat nucléaire (le combat nucléaire étant lui-même un acte irrationnel).

L'article IV est intitulé « *des circonstances* » par V. Niquet-Cabestan ; le terme « *dispositions* » retenu par la version française de Griffith [1] me paraît meilleur car il traite de la mise en forme des forces dans le temps qui précède l'engagement *opérationnel* décisif.

Le passage essentiel est celui qui dit : « Le fait d'être invincible dépend de soi, la possibilité de vaincre dépend de l'ennemi [2]. » On peut d'ailleurs regretter la formulation d'Amiot : « (Les anciens) avaient pour principe que l'on ne pouvait être vaincu que par sa propre faute et qu'on n'était jamais victorieux que par la faute des ennemis. Se rendre invincible dépend de soi, rendre à coup sûr l'ennemi vulnérable dépend de lui-même. »

Plus loin, Amiot traduit : « L'invincibilité se trouve dans la défense, la possibilité de victoire dans l'attaque. » Cette formule reprise par Griffith disparaît de la traduction de V. Niquet-Cabestan qui préfère un tout autre sens : « Celui qui ne peut vaincre reste sur la défensive ; celui qui peut vaincre attaque », ce qui est beaucoup moins intéressant puisque c'est une sorte de tautologie. Amiot/Griffith avaient produit une « pensée sunziste » d'une portée très profonde et qui paraît une version chinoise du principe clausewitzien de « la supériorité de la défense sur l'attaque » dans sa relation à la sus-

1. En chinois (Hsing) Xing forme aspect, apparence, disposition, formation.
2. Traduction V. Niquet-Cabestan : IV, 21.

pension de l'acte de guerre. Comment savoir quelle construction du chinois s'impose ? Griffith donne la construction chinoise : l'invincibilité c'est (signifie) la défense ; la capacité de vaincre c'est (signifie) l'attaque. Mais faut-il traduire « non-possibilité-victoire » par « inaptitude à la victoire », ou par « invincibilité » ? Question réservée aux sinologues. Du point de vue stratégique, c'est la traduction Amiot/Griffith qui fait sens et c'est à partir d'elle qu'on peut pousser une comparaison fondamentale avec Clausewitz.

Troisième idée : « Les dispositions de ceux qui ne commettent pas d'erreur doivent triompher : ils remportent la victoire sur un ennemi battu d'avance. » « Une armée victorieuse l'est avant même de chercher le combat. »

Théoriquement cette approche signifie qu'il n'y a rien de circonstanciel dans une victoire, ou encore que la défaite dénote qu'on n'a pas su mettre en forme le circonstanciel. Elle renvoie à une définition quasi achronique de l'engagement comme s'il s'agissait d'une matrice de jeu, qu'un certain nombre d'options étant découpées à l'avance et la situation étant entièrement contenue dans la règle les dispositions y désignent le vainqueur. Mais il faut, pour transcrire l'idée chinoise, admettre qu'on n'est pas dans le cas d'un jeu où le résultat estimé de telle ou telle action aboutissant à tel bénéfice peut être la solution inévitable parce que préférable d'ailleurs pour les deux. Le vainqueur est celui qui, d'avance, est mieux préparé au combat, quels qu'en soient les aléas, non seulement par sa connaissance du terrain et de l'ennemi mais par sa connaissance de lui-même. *Pratiquement*, elle nous introduit dans l'espace-temps des arts martiaux : le vaincu est vaincu avant l'engagement et le vainqueur n'a qu'un coup à porter pour acquérir la victoire.

L'article V traite des « *forces* » (Niquet-Cabestan), de l'« *énergie* » (Griffith). Le chinois « Shih » signifie : forces, potentiel, autorités, *vix, potestas* et *auctoritas* (peut-être aussi *imperium* ?). On se situe à un moment où le combat est engagé : on est projeté sur le futur, le possible. Le problème traité est d'abord celui, unilatéral, du rapport entre la décision et le grand nombre. Moins celui de l'autorité, au sens de l'aptitude au commandement, à « l'entraînement » par le « chef », que celui des *conditions structurelles de la propagation catastrophique d'une décision.* Il faut se rappeler l'aphorisme de Mao : « Les idées justes deviennent des forces matérielles quand elles s'emparent des masses. » « Commander de nombreuses personnes c'est la même chose que commander à quelques-uns », dit Sun Zi. Ici, deux traductions divergent, mais les deux sont bonnes : « C'est une question d'*organisation* » (Griffith), « c'est un problème de *répartition* » (Niquet-Cabestan) : il s'agit, d'une part, de l'organisation de la hiérarchie des officiers et de la répartition des hommes dans des unités, donc à la fois d'une répartition sur le terrain en groupes tactiques, d'une organisation du commandement en arbre, et d'autre part de la définition d'un langage adéquat (les signaux sonores ou visuels) pour la transmission des ordres le long de l'organigramme. Si tout cela est en place, l'ordre d'assaut ne représente aucun effort énergétique : les troupes se lanceront en avant comme des galets ronds qui descendent en roulant du haut de la montagne [1]. Mais l'armée doit être non seulement une masse de forces représentant une certaine énergie destructrice, mais une information du système de forces.

Le deuxième point est la distinction entre « les forces régulières » et « les forces extraordinaires » (Niquet-Cabestan) ou encore, selon Griffith, « la force normale et la force extraordinaire ». Je préfère, au vu du contexte, la traduction de Griffith, car « régulières » appelle « irrégulières » et évoque irrésistiblement un *type d'unité et d'entraînement*. Ce n'est pas du tout le sens de l'opposition entre ces deux forces qui ne sont pas des unités mais des *rôles joués par telle ou telle partie de l'armée dans l'engagement et des rôles qui vont changer et s'inverser éventuellement dans le déroulement du combat. Les deux rôles, quoiqu'il n'y en ait que deux, donnent naissance à une combinatoire et à un jeu de métamorphoses infinies.* L'infinité des formes de la guerre est évoquée par analogie avec le continuum des sons et des cou-

1. Ici, contresens manifeste d'Amiot qui passe complètement à côté de l'esprit chinois du « résultat sans dépense d'énergie » et qui croit devoir donner *à l'ennemi* la forme d'une pierre ronde au lieu de la donner à ses propres troupes : « Faites en sorte que l'ennemi soit entre vos mains comme une pierre de figure ronde que vous auriez à faire rouler d'une montagne... la force qui lui est imprimée est minime, les résultats sont énormes. »

leurs ; un prisme chatoyant, une guerre « caméléon » comme dira Clausewitz, évoque ainsi le déroulement du combat.

La force normale est celle qui paraît être le lieu principal de l'affrontement du fort au fort, mais dans l'absence de surprise. La force extraordinaire, c'est le rôle que prend la partie de l'armée qui, soudain, amorce la victoire (d'où le commentaire de Li Ch'uang qui donne, pour se faire comprendre des officiers subalternes, une définition réductrice de la force extraordinaire, « celle qui prend l'ennemi de flanc »). On doit toujours chercher à tromper l'ennemi sur la définition, dans l'instant, de la force ordinaire et de la force extraordinaire, pour remporter la victoire.

Enfin la troisième recommandation de l'ordre de la *force*, c'est « d'utiliser le vide et le plein » (V. Niquet-Cabestan [1]), c'est-à-dire de lancer ses forces là où l'ennemi est faible ou absent, de lancer l'attaque dans les brèches : précepte taoïste, assimilant l'acte habile du général au moindre déploiement de force, l'art de ce boucher, cité dans le *Tao-tö-king*, qui n'usait jamais son couteau parce qu'il le faisait passer entre la chair et l'os, là où il n'y a rien... Ce précepte est développé à l'article VI.

V. Niquet-Cabestan	*Griffith*
— La confusion procède de l'ordre,	— La confusion apparente résulte de l'ordre,
— la couardise procède du courage, — la faiblesse procède de la force.	— la lâcheté apparente, du courage, — la faiblesse apparente, de la force.
— L'ordre ou la confusion dépendent de la *méthode* ; — le courage ou la couardise dépendent de la *puissance* ; — la force ou la faiblesse dépendent des *circonstances*.	— L'ordre ou le désordre dépendent de l'*organisation*, — le courage ou la lâcheté des *circonstances*, — la force ou la faiblesse des *dispositions*.

La traduction de Griffith, pour ce qui est du verset sur le courage et la lâcheté, est éclairée par le commentaire de Li Ch'uang : « Lorsque les troupes parviennent à se placer en situation favorable, le lâche est brave. » La traduction de

1. Traduction qui paraît meilleure que celle de Griffith *d'agir massivement contre le néant*. Cette recommandation est développée plus loin et fait l'objet de l'article IV tout entier qui porte exactement ce nom.

V. Niquet-Cabestan me paraît donc ici équivoque. Il n'est pas question de puissance au sens français usuel mais de potentiel de traduire l'intention en acte qui dépend du niveau d'information sur les circonstances. On peut se référer à la traduction très libre d'Amiot :

« Faire naître la force du sein même de la faiblesse, cela n'appartient qu'à ceux qui ont une puissance absolue et une autorité sans borne (par le mot puissance il ne faut pas entendre ici domination mais cette faculté qui fait qu'on peut réduire en acte tout ce qu'on se propose). »

L'article VI. Il traite *du vide et du plein* et représente, à mon sens, le moment le plus caractéristique de l'exposé — ce qui n'est pas étonnant, s'agissant de l'article médian de l'ouvrage. Sun Zi donne le nom de vide, c'est-à-dire d'espace dépourvu de forces adverses, à l'axe où l'on doit porter son effort, quel que soit le niveau et le moment des opérations. Cette existence et cette attraction du vide s'imposent à tout le monde et dans les deux sens. Si bien que le problème est de bien manipuler l'ennemi en lui offrant des vides qui soient des pièges et de ne pas se laisser manœuvrer par l'ennemi en progressant uniquement dans des vides qui sont des vides réels. Le bon combattant doit attirer l'ennemi et ne pas être attiré par lui. Il doit manœuvrer l'ennemi et ne pas se laisser manœuvrer. Mais, de l'autre côté, une offensive vraiment victorieuse doit survenir sans effort : « Celui qui avance sans pouvoir être arrêté se précipite dans les vides de l'ennemi » (N.C., VI, 38) ; « l'armée doit être semblable à l'eau ; comme l'eau évite les hauteurs et se précipite dans les creux, l'armée évite les pleins et attaque les vides » (N.C., VI, 47) ; enfin, elle passe secrètement par des lieux non défendus (donc vides) pour surprendre l'adversaire.

À propos de la manœuvre du plein et du vide, Sun Zi aborde également le problème de la concentration et de la dispersion dans son rapport à la défensive et l'offensive. On comprend bien pourquoi il place cette réflexion sous cette tête de chapitre : toute opération de concentration ou de dispersion peut être décrite comme créant du plein ou des vides, et la manœuvre victorieuse doit se situer dans cette topologie.

« Si je regroupe mes troupes et que l'ennemi soit divisé je ne fais plus qu'un et l'ennemi se divise en dix : c'est l'attaquer à dix contre un. »

Le combat intervient, au choix de l'attaquant, si l'ennemi se retranche dans une place fortifiée au lieu de manœuvrer. *Il abandonne donc par la fortification la possibilité de refuser le combat* (Sun Zi rejoint ici Clausewitz dans sa méfiance à l'égard des fortifications) :

« Si je désire le combat, l'ennemi, en dépit des hautes murailles et des fossés profonds, ne peut se dérober, j'attaque des positions qu'il doit défendre. »

Par contre, la définition d'un territoire et une posture défensive permettent d'éviter le combat, car l'ennemi ne peut attaquer un territoire sans se disperser, et s'il se concentre il est vulnérable :

« Si je ne désire pas le combat, je définis un territoire et le défends : l'ennemi ne peut combattre avec moi car cela multiplierait les fronts. »

On trouve donc dans cet article VI une formulation très précise de la supériorité de la défense sur l'attaque qu'on retrouvera chez Clausewitz. Mais on y relève en même temps une préférence pour l'action indirecte, sur les arrières ou sur les points faibles, chère précisément au stratège britannique Liddell Hart, lui-même hostile à l'action directe du fort au fort menant à la bataille décisive d'anéantissement, pour laquelle il croyait distinguer chez Clausewitz une prédilection. Sun Zi peut servir ainsi à décoder quelques fausses querelles entre stratèges contemporains.

L'article VII, « de la lutte armée », ne parle pas de lutte armée mais plutôt de précautions à prendre en cas de lutte armée.

On y aborde ce qu'on appelait stratégie chez Clausewitz et Jomini : il parle des fatigues de la marche et de l'art d'arriver avant l'adversaire ; de nouveau, de ruser pour se regrouper en obligeant l'ennemi à se disperser ; de bien gérer le pillage qui oblige à la dispersion ; pour Sun Zi, l'art de « fuir un ennemi plein d'ardeur » est aussi important que celui d'« attaquer un ennemi nostalgique ».

On y parle aussi de tactique, au sens étymologique : « Une fois les hommes unis comme un seul, les courageux ne sont pas obligés de s'élancer seuls, les lâches ne peuvent reculer, tel est l'art de mener les foules. »

L'article se termine par une liste serrée des cas où il ne faut pas attaquer l'ennemi : s'il est posté en hauteur, s'il fait semblant de fuir, s'il est très puissant. Enfin « il ne faut pas arrêter un ennemi en retraite : il faut laisser une brèche dans l'encerclement de l'ennemi, il ne faut pas écraser un ennemi réduit aux abois », tactiques bien connues de Xénophon et précepte appliqué par toutes les polices dans les manœuvres antimanifestants.

Il est hautement caractéristique que, malgré son titre, ce chapitre ne parle pas du combat. La lutte armée en effet peut se passer complètement de bataille. Les mouvements d'avancée et de retraite, les paniques elles-mêmes, peuvent être gérés sans morts, par la seule forme menaçante des mouvements et des manœuvres. Sun Zi rejoint ici la pensée clausewitzienne qui veut qu'un engagement refusé par l'ennemi est aussi réel par ses conséquences qu'un engagement perdu : « En raison de leurs conséquences, les engagements possibles doivent être considérés comme réels[1] » et qui fait de Clausewitz un théoricien potentiel de la « dissuasion ».

L'article VIII : les neuf variables ne sont pas des variables mais des mouvements référés aux *configurations où ils ne doivent pas ou au contraire où ils doivent être mis en œuvre* (Amiot traduit, lui, les neuf mouvements). Il s'agit des « mouvements » suivants :

Mouvements	*Configuration*	*Adaptation*
1. Faire étape	Terrain situé en contrebas	négatif
2. Nouer des alliances	Là où les chemins se croisent	positif
3. S'attarder	Terrains sans ressources	négatif
4. Sortir (par les « plans », *i.e.* des ruses)	Terrain encerclé	positif
5. Combattre	Terrain mortel	positif
6. Prendre une route	(certaines) (courtes mais à risque[2])	négatif
7. Frapper une troupe	(certaines) (en situation désespérée)	négatif
8. Assaillir une ville	(certaines) (forte, approvisionnée)	négatif
9. Disputer un terrain	(certains) (difficile à défendre ensuite)	négatif

1. Clausewitz, *De la guerre*, livre III, chap. I.
2. Selon Chia Lin.

À deux recommandations négatives et trois recommandations positives, dans lesquelles l'adéquation du mouvement à la configuration est parfaitement précisée, Sun Zi ajoute quatre recommandations négatives plus « ouvertes », dont le contenu nous est suggéré par le commentateur ancien et par ailleurs inconnu, Chia Lin [1]. L'importance est de savoir qu'un général ne doit pas obéir aux ordres du souverain qui iraient contre les cinq premières recommandations et que le général doit rester libre de décider quelle route prendre, quelles troupes ennemies attaquer, quelle ville prendre ou quel terrain disputer, en se conformant aux circonstances et en confrontant les avantages et les désavantages car « il n'est pas possible d'en décider à l'avance ».

Et puis, après avoir étudié le rapport entre le mouvement et le terrain, Sun Zi énumère aussi le rapport du mouvement du général avec son propre terrain intérieur, puisque, s'il veut vaincre, il doit se connaître et éviter par là d'être manipulable stratégiquement : n'être ni téméraire, ni lâche, ni colérique, ni trop vertueux, ni trop humain avec le peuple pour ne pas risquer d'être tué ou pris ou provoqué ou humilié par des insultes ou tourmenté par les scrupules.

[...]

Alain Joxe, *Voyage aux sources de la guerre* (extrait), éd. PUF, 1991.

1. Les commentateurs traditionnels de Chia Lin sont traduits dans l'édition de Griffith.

LIONEL GILES[1]

LES COMMENTATEURS DE SUN TZU

Sun Tzu peut se vanter de posséder une liste exceptionnellement longue et distinguée de commentateurs, qui honorerait tous les classiques. Ou-yang Hsin remarque ce fait, bien qu'il ait écrit avant que la liste soit complète, et l'explique de façon assez ingénieuse en déclarant que les artifices de la guerre, étant inépuisables, sont susceptibles d'être traités de bien des manières.

1 — Ts'ao Ts'ao ou Ts'ao Kung, connu par la suite sous le nom de Wei Wu Ti (155-220 apr. J.-C.). Il est quasi certain que les plus anciens commentaires de Sun Tzu ont été écrits par cet homme extraordinaire, dont la biographie, contenue dans le *San Kuo Chih*, se lit comme un poème épique. Un des plus grands génies militaires que le monde ait connu, dont les opérations étaient comparables en échelle à celles de Napoléon, il fut plus particulièrement renommé pour la rapidité de ses déplacements, dont on trouve témoignage dans l'expression : « Il suffit de parler de Ts'ao Ts'ao pour qu'il apparaisse ». Ou-yang Hsin dit de lui qu'il fut un grand chef de guerre qui « mesura sa force à celle de Tung Cho, de Lü Pu et des deux Yüan, père et fils, et les vainquit tous ; cela lui permit de partager l'empire de Han avec Wu et Shu, et de se faire lui-même roi. Il est rapporté que, lorsqu'un conseil de guerre était organisé par Wei à la veille d'une campagne lointaine, tous ses plans étaient prêts ; les généraux qui les appliquaient ne perdaient pas une bataille sur dix ; ceux qui ne les respectaient pas sur un point quelconque voyaient leurs armées aussitôt battues et mises en déroute. » Les notes

1. Lionel Giles est l'auteur de la première traduction de qualité en langue anglaise : *Sun Tzu and the Art of War*, Londres, 1910.

de Ts'ao Kung sur Sun Tzu, modèle de concision austère, sont si caractéristiques de ce chef de guerre connu par l'histoire qu'il est inconcevable de les considérer comme l'œuvre d'un simple lettré. Certes, en raison de cette extrême concision, elles sont parfois à peine compréhensibles et réclament elles-mêmes un commentaire, au même titre que l'œuvre de Sun Tzu.

2 — Mêng Shih. Le commentaire qui nous est parvenu sous ce nom est, en comparaison, mince, et on ignore tout à propos de son auteur. Son nom lui-même n'a pas été conservé... Dans la préface de Sun Hsing-yen, il apparaît comme Mêng Shih de la dynastie Liang (502-557). D'autres l'identifient comme le Mêng K'ang du IIIe siècle. Il est présenté comme le dernier des « cinq commentateurs », les autres étant Wei Wu Ti, Tu Mu, Ch'ên Hao et Chia Lin.

3 — Li Ch'üan, du VIIIe siècle, était un auteur bien connu en matière de tactiques militaires. Son œuvre a été constamment utilisée et continue de l'être... Selon Ch'ao Kung-wu et le catalogue *T'ien-i-ko*, il a travaillé d'après un texte de Sun Tzu qui diffère considérablement de ceux qui nous sont connus. Ses notes sont pour la plupart courtes et ponctuelles, et il illustre fréquemment ses remarques par des anecdotes tirées de l'histoire chinoise.

4 — Tu Yu (mort en 812) n'a pas publié de commentaire distinct sur Sun Tzu, ses notes étant extraites de *T'ung Tien*, le traité encyclopédique sur la Constitution qui fut l'œuvre de sa vie. Il s'agit largement de reprises de Ts'ao Kung et de Mêng Shih, auxquels on suppose qu'il a ajouté les anciens commentaires de Wang Ling et d'autres. Du fait de l'organisation particulière du *T'ung Tien*, il doit expliquer chaque passage sorti de son contexte, à partir de sa valeur intrinsèque, et son explication est parfois en désaccord avec celle de Ts'ao Kung, qu'il cite toujours en premier. Bien que n'étant pas reconnu comme l'un des « dix commentateurs », il fut ajouté à leur nombre par Chi T'ien-pao, qui commit l'erreur de le placer à la suite de son petit-fils, Tu Mu.

5 — Tu Mu (803-852). Il est peut-être plus connu en tant

que poète — une étoile brillante, même dans la galaxie de l'époque T'ang. Ch'ao Kung-wu nous apprend que, bien qu'il n'ait eu aucune expérience pratique de la guerre, c'était un sujet dont il adorait discuter, et qu'il était en outre très versé dans l'histoire militaire des époques de Ch'un Ch'in et Chan Kuo. Ses notes méritent donc qu'on leur prête attention. Elles sont volumineuses, et truffées de parallèles historiques. Il résume ainsi l'essence de l'œuvre de Sun Tzu : « Pratique la bienveillance et la justice, mais parallèlement, fais usage sans restriction de l'artifice et du pragmatisme. » Il déclare en outre que tous les triomphes et désastres militaires intervenus durant les mille ans écoulés depuis la mort de Sun Tzu devraient, après examen, soutenir et confirmer, en tout point, les maximes contenues dans son livre.

6 — Ch'ên Hao semble avoir été un contemporain de Tu Mu. Ch'ao Kung-wu rapporte que Ch'ên Hao s'est senti obligé d'écrire un nouveau commentaire de Sun Tzu parce que celui de Ts'ao Kung était trop obscur et trop subtil, et que celui de Tu Mu était trop délayé et diffus. Ou-yang Hsin, écrivant au milieu du XIe siècle, présente Ts'ao Kung, Tu Mu et Ch'ên Hao comme les trois principaux commentateurs de Sun Tzu, et observe que Ch'en Hao attaque continuellement les faiblesses de Tu Mu. Son commentaire, bien que ne manquant pas d'intérêt, doit être considéré comme inférieur à ceux de ses prédécesseurs.

7 — Chai Lin est connu pour avoir vécu sous la dynastie T'ang, car son commentaire de Sun Tzu fut publié à nouveau par Chi Hsieh, sous la même dynastie, accompagné de ceux de Mêng Shih et de Tu Yu. Il est peu volumineux et, également d'un point de vue qualitatif, peut-être le moins intéressant des onze.

8 — Mei Yao-ch'ên (1002-1060), souvent connu par son « style » comme Mei Shêng-Yu, était, comme Tu Mu, un poète distingué. Son commentaire fut publié avec une préface élogieuse de Ou-yang Hsin, dont on peut reproduire l'extrait suivant :

« Plus tard les lettrés ont mal lu Sun Tzu, trahissant sa pensée et tâchant de l'accorder à leur propre vision. Ainsi, bien que les commentateurs n'aient pas manqué, seuls quelques-uns se sont montrés à la hauteur de la tâche. Mon ami Sheng-Yu n'est pas tombé dans le piège. En tentant de fournir un commentaire critique de l'œuvre de Sun Tzu, il ne perd pas de vue le fait que ses écrits étaient destinés à des États engagés dans des guerres de destruction mutuelle. »

Même en tenant compte d'un excès de louanges dû à l'amitié, je tends à approuver ce jugement favorable, et placerais certainement Mei Yao-ch'ên avant Ch'ên Hao en termes d'intérêt.

9 — Wang-Hsi, également de la dynastie Sung, est véritablement original dans certaines de ses interprétations, mais bien moins judicieux que Mei Yao-ch'ên, et se révèle, globalement, un guide relativement peu digne de foi. Il adore comparer son propre commentaire à celui de Ts'ao Kung, mais la comparaison ne lui est que rarement avantageuse. On apprend par Ch'ao Kung-wu que Wang Hsi a revu l'ancien texte de Sun Tzu, comblant des lacunes et corrigeant des erreurs.

10 — Ho Yen-hsi de la dynastie Sung. Le nom de ce commentateur nous est transmis, comme dans le cas précédent, par Cheng Ch'iao dans le *T'ing Chih*, écrit vers le milieu du XIIe siècle, mais il apparaît simplement en tant que Ho Shih dans le Yü Hai, et Ma Tuan-lin cite Ch'ao Kung-wu qui déclarait que le nom de l'auteur était inconnu. Aucune raison ne semble permettre de douter des positions de Chêng Ch'iao. [...] Le commentaire de Ho Shih, selon les termes du catalogue *T'ien-i-ko*, « contient des ajouts utiles » ici et là, mais est surtout remarquable par les nombreux extraits issus et adaptés des histoires dynastiques et d'autres sources.

11 — Chang Yü. Cette liste se termine par un commentateur peut-être dépourvu d'une grande originalité, mais remarquable par la clarté de ses présentations. Son commentaire est basé sur celui de Ts'ao Kung, dont il parvient à déve-

lopper et éclairer avec brio les écrits très concis. Sans Chang Yü, on peut affirmer qu'une grande part du commentaire de Ts'ao Kung serait demeurée cloîtrée dans son obscurité originale et, de ce fait, inexploitable. Son travail n'est pas mentionné dans l'histoire de Sung, le *T'ung K'ao*, ou dans le *Yü Hai*, mais il trouve une place dans le *T'ung Chih*, qui le présente également comme l'auteur de la « vie des généraux célèbres ».

Il est assez remarquable que les quatre derniers commentateurs cités aient vécu sur une période aussi courte. Ch'ao Kung-wu l'explique ainsi : « Durant les premières années de la dynastie Sung, l'Empire connut une longue période de paix, et les hommes cessèrent de pratiquer l'art de la guerre. Mais lorsque la rébellion de Chao Yün-hao se déclencha (1038-1042) et que les généraux des frontières furent battus à de nombreuses reprises, la Cour rechercha activement les hommes doués pour la guerre, et la question militaire devint en vogue parmi les hauts dignitaires. Voilà pourquoi les commentateurs de Sun Tzu appartenant à notre dynastie datent essentiellement de cette époque. »

À côté de ces onze commentateurs, il en est quelques-uns dont l'œuvre n'est pas parvenue jusqu'à nous. Le *Shi Shu* en mentionne quatre [...]. Il est possible que certains d'entre eux aient été de simples compilateurs et éditeurs d'autres commentaires [...].

Il existe deux œuvres, décrites dans le *Ssu K'u Ch'üan Shu*, sans aucun doute très rares, que j'aurais beaucoup aimé consulter. [...] L'une présente des sélections de quatre nouveaux commentateurs, probablement de la dynastie Ming, ainsi que des onze qui nous sont connus. Ces quatre commentateurs sont Hsieh Yüan, Chang Ao, Li Ts'ai et Huang Chih-ch'êng. L'autre œuvre est [...] compilée par Chêng Tuan de la dynastie actuelle [1]. C'est un recueil traitant de l'art de la guerre ancien, avec des références précises aux treize chapitres de Sun Tzu.

Lionel Giles, *Sun Tzu and the Art of War*, Londres, 1910.
Traduit de l'anglais par Claude Esmein.

1. Dynastie manchoue *(N.d.T.)*.

SUN ZI, L'ART DE LA GUERRE ET L'ART DES AFFAIRES

Ce chef-d'œuvre immortel qu'est le *Sun Zi* représente un véritable trésor d'idées et de principes applicables aux affaires. À notre avis, l'essence de l'œuvre tient dans trois de ses concepts qui sont d'une portée universelle : 1) le concept de *Dao* (la Vertu) en tant qu'élément primordial des « Cinq Variables » et des « Sept Comparaisons » ; 2) l'axiome « ... celui qui connaît son ennemi et se connaît lui-même mènera cent combats sans risque » ; 3) l'idée de remporter la victoire en « s'adaptant aux transformations de l'ennemi ». Une discussion de ces trois concepts permet de synthétiser l'œuvre entière.

1) *Dao* (la Vertu) en tant qu'élément primordial des « Cinq Variables » et des « Sept Comparaisons ». Le *Sun Zi* débute en soulignant l'importance de l'étude des questions liées à la conduite de la guerre, et s'oriente immédiatement vers l'exposé de la nécessité d'étudier les « Cinq Variables » et de se livrer à sept « comparaisons », ces deux points constituant ensemble la clé de la compréhension de ce classique.

Le *Sun Zi* affirme que « celui qui les comprend [les Cinq Variables : *Dao* (la Vertu), le Ciel, le Terrain, le Général et la Méthode] remporte la victoire ; celui qui ne les comprend pas est vaincu » ; que les Sept Comparaisons permettront de toujours prédire l'issue d'une guerre : « Quel souverain possède la Vertu ? Quel général est capable ? Qui aura les éléments et le terrain pour lui ? Qui possède la meilleure méthode et le meilleur commandement ? Quelle armée est la plus puissante ? Quels soldats sont les mieux entraînés ? Qui distribue avec le plus de clairvoyance récompenses et châtiments ? » Sun Zi insiste également sur le fait qu'étudier les Cinq Variables et que procéder aux Sept Comparaisons constitue la première des préoccupations, car « la guerre est une affaire grave pour le pays » et « est le terrain de la vie et de la mort, [c'] est la voie qui mène à la survie ou à l'anéantissement. » [...]

Le point le plus remarquable est que Sun Zi place le *Dao* (la Vertu) au-dessus de tout — opinion remarquable qui correspond à l'idée qu'une juste cause jouit d'un large soutien, alors qu'une cause injuste ne dispose que d'un faible appui, et que l'issue d'une guerre dépend essentiellement de l'adhésion du peuple à la ligne politique et aux actions menées par ses dirigeants. [...]

Dans les affaires, les mêmes questions doivent être abordées. Le terme de *Dao* peut alors être interprété comme les principes de base d'une entreprise et les lignes générales de ses objectifs. La règle est qu'une affaire réussira si ces deux questions sont fermement réglées et si un consensus existe entre ses dirigeants et ses employés pour mener ensemble des actions concertées.

2) « Celui qui connaît son ennemi et se connaît lui-même mènera cent combats sans risque. » Cette déclaration est tirée du chapitre III. Il est également dit au chapitre X : « Connais ton ennemi et connais-toi toi-même, ainsi la victoire ne sera pas incomplète ; connais le ciel et connais la terre, ainsi la victoire ne sera pas en péril. » [...]

Certes, on ne peut s'attendre à gagner une guerre ou à atteindre la réussite dans les affaires en ne se connaissant pas soi-même, ni l'adversaire, ou en ne connaissant que l'un des deux. [...]

Le célèbre axiome du *Sun Zi*, d'une évidence criante, qui a contribué au succès de causes innombrables depuis l'Antiquité, inspiré un grand nombre de gens aux idéaux élevés lors de l'accomplissement de leurs actions, est adopté par beaucoup de chefs d'entreprises comme mot d'ordre.

3) Remporter la victoire en s'adaptant aux transformations de l'ennemi. On la trouve [cette formule] au chapitre VI : « [...] comme l'eau adapte son cours aux reliefs du terrain, l'armée construit la victoire en s'adaptant à l'ennemi. C'est pourquoi l'armée n'a pas toujours la même apparence, comme l'eau n'a pas toujours la même forme. Celui qui remporte la victoire en s'adaptant aux transformations de l'ennemi, on peut l'appeler un prodige ! »

On rencontre une telle dialectique d'un bout à l'autre du *Sun Zi*. L'auteur exprime toujours ses opinions en faisant appel à des concepts opposés, tels que le mouvement et l'immobilité, les avantages et les inconvénients, le direct et le détourné, les gains et les pertes, l'attaque et la défense, l'ordre et la confusion, le courage et la couardise, la force et la faiblesse, et ainsi de suite. Sun Zi expose ses principes d'emploi des forces en déclarant que « celui qui se conforme à mes plans remportera la victoire », alors qu'à propos de l'art de remporter la victoire « on ne peut rien dire à l'avance » (*Sun Zi*, chap. I, *Des plans*). En s'exprimant ainsi, il insiste sur la nécessité, pour remporter la victoire, d'étudier les transformations de l'ennemi. Bien des principes stratégiques et tactiques du *Sun Zi* peuvent être considérés comme dérivés du principe de base de la conquête de la victoire par la réaction adaptée aux transformations de l'ennemi, car il insiste sur la *transformation*, reconnaissant que les choses changent et se développent, et donne la priorité au management dynamique, ce qui correspond à accorder l'utilisation des troupes durant la bataille aux changements de situation chez l'ennemi (chap. V).

La conduite des affaires est, comme la conduite de la guerre, pleine de conflits et de contradictions. Elle est également de nature dynamique ; ses lignes de conduite et ses plans font également correspondre la victoire à une réaction adaptée aux transformations de « l'ennemi » (en l'occurrence, les concurrents). C'est un principe de base vital du monde des affaires qui, comme dans le cas des affaires militaires, ne connaît pas de règles rigides.

Œuvre militaire monumentale, le *Sun Zi* a été conçu comme le résumé historique d'une expérience, sa grande portée a été affirmée au fil de l'histoire, et il sera certainement enrichi par les réalités d'aujourd'hui. Le passé peut être mis au service du présent, le militaire au service du civil ; comme le dit une vieille maxime chinoise : « Les pierres des autres collines peuvent servir à polir le jade de celle-ci. » La quintessence du *Sun Zi* est certainement fort utile aux affaires et à l'administration.

Il eût été logique pour nous, Chinois, d'utiliser cet ancien traité pour la gestion de nos affaires qui reste relativement rétrograde. Dans le passé, cependant, les recherches en ce domaine furent négligées.

Il était impossible de prôner la gestion scientifique avant la chute, en 1976, de la Bande des Quatre « gauchistes », car la gestion scientifique était à l'époque étiquetée comme « révisionniste et capitaliste », et ses avocats auraient été traités de « restaurationnistes », pour ne rien dire de l'étude des problèmes de l'application du *Sun Zi* à la gestion. Ce ne fut qu'après le troisième plénum du XIe congrès du Parti communiste chinois tenu en 1978, où le Parti décida de placer l'accent non plus sur le travail, mais sur la modernisation du pays, que certaines personnes commencèrent à étudier les moyens d'appliquer une partie des concepts et idées scientifiques du *Sun Zi* aux affaires, pour servir les besoins suscités par la modernisation de la Chine. Néanmoins, nous demeurons dans ce domaine au second plan, tant en théorie qu'en pratique.

L'application de la pensée du *Sun Zi* au monde des affaires fut lancée par les chefs d'entreprises et les spécialistes du management japonais. Les Japonais montrent une grande assiduité à l'étude de ce problème. Comme le rapporte le journal *Wen Wei Po* de Hong Kong : « au Japon, ceux qui se livrent à des études militaires ou de défense ne sont pas les seuls à considérer le *Sun Zi* comme un sujet d'étude incontournable ; les joueurs de base-ball eux-mêmes ont sur les lèvres des citations du *Sun Zi*. Un chef d'entreprise japonais appelé Takeo Ohashi a écrit un livre intitulé *La gestion par l'Art de la guerre* dans lequel il enseigne la manière de mener des affaires selon cette méthode ». On dit que sa société a remarquablement accru sa productivité et rapidement développé ses affaires après avoir adopté les théories du *Sun Zi*. Ce journal cite également Takeo Ohashi, qui déclare que « ce mode de gestion est même plus rationnel et efficace que celui en vigueur aux États-Unis ». M. Muruyama, expert japonais travaillant pour *Ginmin Chiugogu (Chine populaire)*, magazine chinois publié en japonais, déclarait que les managers des petites et moyennes entreprises japonaises s'intéressaient de très près à l'étude des pensées classiques chinoises, en particulier le *Sun Zi*. Afin d'affermir sa gestion et son administration, une grande société japonaise a organisé des séminaires d'un mois pour cadres moyens et supérieurs, au cours desquels l'étude du *Sun Zi* est le principal sujet. En un an, douze de ces séminaires formèrent l'ensemble du personnel choisi. Cette corporation demanda à ce que ses stagiaires étudient la gestion d'aujourd'hui et les tactiques permettant le développement de leurs affaires à la lumière du *Sun Zi*.

M. Muruyama nous disait également qu'afin de faire vivre et croître leurs affaires, les chefs d'entreprises japonais disposaient de deux *piliers*, ou *roues* : la théorie américaine moderne de gestion, utilisée en période de croissance, et la pensée classique chinoise, en particulier celle contenue dans le *Sun Zi*, pour les périodes de dépression. Peut-être les vues pénétrantes en matière d'établissement de plans stratégiques et de tactiques de réaction sont-elles, comme le confirme M. Muruyama, d'une signification particulière pour la survie des entreprises japonaises en période de récession. En fait, les idées scientifiques du *Sun Zi* sont aussi utiles à une entreprise en croissance qu'en récession. Un livre japonais intitulé *Comment être un leader en affaires*, écrit par Kunioshi Ulape, détaille la citation suivante du *Sun Zi* : « Le général doit être sage, digne de confiance, bienveillant, brave et rigoureux » (*Sun Zi*, chap. I). L'auteur soutient qu'un leader doit posséder les cinq qualités du général requises par le *Sun Zi*, et que celles-ci « sont toujours applicables aujourd'hui, après plus de deux mille ans ». Certains chercheurs américains ont écrit des ouvrages à la gloire des principes de gestion contenus dans le *Sun Zi*. Et il ne manque pas de gens étudiant le sujet à Hong Kong et Taïwan.

Si les étrangers sont si empressés à étudier le *Sun Zi*, un des joyaux du merveilleux héritage de la culture chinoise, nous, Chinois, devrions plus encore l'avoir en estime, et nous employer à en extraire le meilleur pour servir nos besoins actuels.

Notre livre, *L'Art de la guerre de Sun Wu et l'Art des affaires*, représente une première tentative pour explorer les voies permettant de faire pousser cette merveilleuse plante qu'est le *Sun Zi* sur les champs verts du modèle chinois de gestion des affaires.

V

Sun Zi, traité militaire, est riche en concepts, principes et méthodes de travail plus ou moins applicables à l'administration et à la gestion des affaires. Notre livre traitera de leur application à la gestion de la production et à la conduite de l'entreprise. Selon nous, la gestion de la production et la conduite de l'entreprise sont des développements de la notion de concepts opposés : elles supposent un compromis entre la nécessité de satisfaire des demandes sociales et la nécessité de satisfaire les besoins de l'entreprise elle-même pour sa survie et sa croissance. La gestion d'une affaire passe par la satisfaction de ces deux besoins à travers une division efficace du travail et une coopération à l'intérieur de l'entreprise. La gestion de la production et la conduite de l'entreprise peuvent être divisées en trois étapes :

— *L'étape de la prise de décision.* C'est celle où il faut apprendre, analyser et juger les demandes de la société et du marché pour la production, étudier les problèmes que devra résoudre l'entreprise dans sa tentative de rencontrer les besoins de la société, découvrir quels seront les besoins de l'entreprise elle-même, et dans quelle mesure elle pourra les satisfaire tout en cherchant à répondre aux besoins de la société. Les plans stratégiques, tactiques et exécutifs sont établis à la lumière de ces études.

— *L'étape de gestion de la production.* C'est ici que l'on investit et que l'on produit. Le manager doit convenablement gérer les différentes ressources disponibles (personnel, matières premières, finances, technologie, information, etc.) qu'utiliseront les travailleurs, afin de parvenir aux meilleurs résultats économiques à partir d'un minimum d'investissements et de ressources.

— *L'étape de la promotion des ventes.* C'est l'étape de mise en circulation des produits par le biais des ventes et de la gestion, afin qu'ils soient testés sur le marché face à la concurrence, que leur valeur et leur valeur d'usage soient réalisées, qu'il y ait valeur ajoutée pour l'État et profit pour l'entreprise.

Notre livre, *L'Art de la guerre de Sun Wu et l'Art des affaires*, se basant sur ces trois étapes de gestion de la production et de conduite de l'entreprise, traite de la manière d'utiliser les concepts, principes et méthodes révélés dans le *Sun Zi* pour aider à améliorer la prise de décision, la gestion de la production et la promotion des ventes, en donnant la priorité aux problèmes de stratégie et de tactique des affaires et d'administration organisationnelle. En matière de prise de décision dans les affaires, nous nous attacherons avant tout à l'application aux affaires des concepts de planification de Sun Zi. En ce qui concerne la gestion de la production, nous mettrons l'accent sur l'application des principes de Sun Zi en matière d'organisation, de direction et de *commandement à des troupes nombreuses*. Dans le domaine de la promotion des ventes, c'est la stratégie de réaction de Sun Zi qui sera étudiée. Ce livre traitera également des indispensables qualités de *chef* dans les affaires. Cet ouvrage sera donc organisé ainsi :

1) L'établissement de plans avant la bataille — clé pour la prise de décision dans les affaires.

2) Se rendre invincible avant la bataille et organiser une administration adaptée de la collectivité — le cœur de la gestion de la production.

3) L'ingéniosité dans la promotion des ventes — un point essentiel dans la compétition pour le marché.

4) Les « Cinq Vertus » nécessaires à un chef militaire — essentielles pour un chef d'entreprise.

Extrait de « *Sun Wu's Art of War* » *and the Art of Business Management*,
Li Shijun, Yang Xianju et Qin Jiarvi,
Hai Feng Publishing Co Ltd, Hong Kong, 1990.

[illegible] Paris et par l'application [illegible]

[illegible]

[illegible] Cinq [illegible]

[illegible]

TABLE DES MATIÈRES

DOSSIER

Achevé d'imprimer sur les presses de

BUSSIÈRE

GROUPE CPI

à Saint-Amand-Montrond (Cher)
en octobre 2001

POCKET - 12, avenue d'Italie - 75627 Paris Cedex 13
Tél. : 01-44-16-05-00

— N° d'imp. 15939. —
Dépôt légal : avril 1993.

Imprimé en France